AF224019

ESSAI

HISTORIQUE ET DESCRIPTIF

Sur l'Abbaye

DE

Saint-Wandrille

OU

DE FONTENELLE,

ET SUR PLUSIEURS AUTRES MONUMENS DES ENVIRONS;

PAR

É.-HYACINTHE LANGLOIS,

DU PONT-DE-L'ARCHE,

PEINTRE, MEMBRE DE LA SOCIÉTÉ ROYALE DES ANTIQUAIRES DE FRANCE, DE L'ACADÉMIE DE ROUEN,
DE LA SOCIÉTÉ D'ÉMULATION DE CETTE VILLE, DE CELLE DES ANTIQUAIRES DE NORMANDIE,
DE LA COMMISSION POUR LA RECHERCHE DES ANTIQUITÉS DE LA SEINE-INFÉRIEURE,
ET DE PLUSIEURS AUTRES SOCIÉTÉS SAVANTES.

Un volume in-8º,

Accompagné d'un grand nombre de figures et de plans inédits, dessinés et gravés par l'Auteur
et par Mademoiselle Espérance Langlois.

*

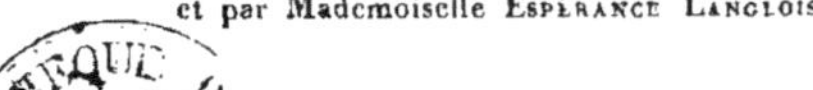

Prospectus.

*

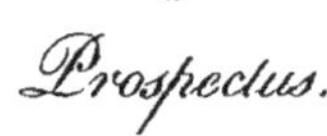

Les monastères furent pendant le moyen âge le dépôt du savoir, l'asile des sciences et des arts; durant une longue suite de siècles, leurs pieux habitans se léguèrent les uns aux autres le soin de les agrandir, de les orner de nouveaux monumens, de les rendre de plus en plus magnifiques; aussi n'en était-il presqu'aucun d'une fondation un peu reculée, qui ne renfermât dans son enceinte des monumens variés de styles et d'époques, restes vénérables des siècles qu'ils avaient vus s'écouler. Considérée sous ce point de vue, rien ne peut donc être plus intéressant pour l'historien qui interroge ces débris sur les événemens dont ils furent les témoins, pour l'artiste qui leur demande des inspirations et qui leur emprunte des modèles, pour l'antiquaire qui cherche d'après eux à réunir quelques chaînons dispersés de l'histoire des arts, que la description exacte de ces antiques abbayes. Il est d'autant plus urgent de constater ce qu'il en reste, que leurs ruines, livrées à l'avidité des spéculateurs, ou à l'activité destructive des élémens, vont sans cesse disparaissant et s'effaçant, pour ne laisser bientôt aucun souvenir après elles.

Les véritables amis de toute espèce de gloire nationale, ceux qui ne prisent pas moins l'illustration que nos ancêtres se sont acquise dans les arts, que celle qu'ils ont conquise par leurs armes, désireraient sans doute qu'un magnifique ouvrage, vaste et précieux dépôt de tous ces monumens, de toutes ces ruines, de tous les souvenirs qui leur sont attachés, qu'un véritable *Monasticon gallicanum*, fait à l'imitation de celui des Anglais, mais perfectionné par tous les progrès qu'a fait depuis un quart de siècle la critique des monumens, s'exécutât enfin, et consolât nos neveux de la perte de tant de chefs-d'œuvre ; mais en attendant qu'un vœu si patriotique soit réalisé, hâtons-nous de recueillir avec soin tous les matériaux qui pourront servir un jour à élever ce grand édifice. Parmi eux, nous donnerons une première place à la *Description des ruines de la célèbre abbaye normande de Fontenelle, ou de Saint-Wandrille*. En effet, l'intérêt seul du sujet nous conseillerait cette distinction, si d'ailleurs elle ne nous était en quelque sorte commandée par le talent de son auteur : on connaît l'antique célébrité de ce monastère, dont la fondation remonte aux premiers siècles de l'introduction du christianisme dans les Gaules. On sait que, dans son enceinte, l'infortuné Théodoric, fils de Childéric III, dernier roi de France de la dynastie mérovingienne, termina ses jours ; on n'ignore point et le nombre considérable de ses religieux, et l'éclat que jetèrent ses écoles dès les temps les plus reculés, et la célébrité dont jouissent encore ses historiens ; mais ce que peu de personnes connaissent , ce qu'un petit nombre de voyageurs et d'artistes allaient seuls admirer , c'est la magnificence des ruines de cette vaste et opulente abbaye.

Déjà , dans un tableau que toute la capitale court maintenant admirer , l'un des illustres auteurs du Diorama , M. Bouton, vient de nous introduire dans les mystérieuses solitudes du cloître de Saint-Wandrille ; mais renfermé dans les bornes d'un seul tableau , il n'a pu nous montrer que dans un lointain jaloux les ruines pittoresques de son église, et s'est vu forcé de nous céler les débris intéressans de ses sépultures , la richesse et l'élégance de ses bâtimens claustraux. C'est à reproduire toutes ces ruines, depuis l'étroite et massive construction normande du dixième siècle , jusqu'aux féeries réalisées de la renaissance ; c'est, en quelque sorte, à retenir et à fixer ces monumens au moment de leur chute inévitable, que M. Langlois s'est attaché avec cette fidélité scrupuleuse , cette justesse dans les proportions et cette conscience dans les détails qu'on est accoutumé à trouver dans toutes ses productions archéologiques.

Au reste , en exposant les sujets dont se composent les planches nombreuses de cet ouvrage, nous sommes certains d'exciter plus vivement l'intérêt des lecteurs , que nous ne pourrions le faire par tous les éloges. Quant au texte, histoire précise et complète de cet antique monastère, des abbés qui l'ont gouverné, des savans qui l'ont illustré, des monumens qui firent sa splendeur , de quelques superstitions bizarres qui se sont perpétuées jusqu'à nos jours , des lieux les plus dignes de remarque qui l'environnent, il a tout ce qu'il faut pour piquer la curiosité et la satisfaire pleinement, et pour faire de cet ouvrage une des plus intéressantes *Monographies archéologiques* qu'on ait encore publiées. N'oublions pas, en terminant, de compter au nombre des élémens de succès de ce recueil, que la partie typographique en est confiée aux presses de M. Tastu.

A. POTTIER.

CATALOGUE

DES SUJETS QUI COMPOSENT LES GRAVURES.

1. Vue de l'ancien château de Valmont et de sa galerie dite de François Ier.

2. Tombeau de Nicolas d'Estouteville érigé dans le seizième siècle (abbaye de Valmont).

3. Tombeau de Jacques d'Estouteville et de Louise d'Albret sa femme (même siècle et même abbaye).

4. Tabernacle en pierre découpée à jour; monument précieux du seizième siècle existant dans l'ancienne eglise paroissiale, aujourd'hui en ruine, de Sainte-Gertrude, près Caudebec en Caux.

5. Vue générale de l'abbaye de Fontenelle ou de Saint-Wandrille, et du village du même nom tels qu'ils existaient en 1789.

6. Plan général de cette abbaye et d'une partie de ses dépendances dans le dix-septième siècle.

7. Plan de l'église abbatiale et des autres édifices gothiques encore subsistans.

8. Principaux chapitaux de l'église abbatiale.

9. Peinture à fresque du même monument, exécutée dans le treizième siècle, représentant le martyre de saint Étienne.

10. Autre fresque offrant le supplice d'une jeune sainte. Sujet extrêmement bizarre.

11. *Specimen* des ornemens en plate peinture qui décorent les voûtes de la grande église.

12. Vue générale des ruines du même monument.

13. Vue intérieure de la galerie septentrionale du cloître.

14. Autre du même édifice, offrant dans l'enfoncement les ruines de l'église abbatiale.

15. *Lavabo*, ou fontaine remarquable par la richesse de ses décorations, érigée dans le seizième siècle à l'entrée du réfectoire.

16. Bas-relief singulier placé dans le couronnement de cette fontaine.

17. Porte gothique décorée de bas-reliefs, communiquant du cloître dans la grande église. (Planche servant de frontispice.)

18. Statue de Notre-Dame de Fontenelle placée dans le cloître de cette abbaye. (Vignette gravée en bois par M. Henry Brevière, de Rouen.)

19. Porte gothique du réfectoire.

20. Anciens écussons armoriés sculptés sur les murs de Saint-Wandrille. (Vignette en bois.)

21. Vue extérieure de la chapelle de Saint-Saturnin (enclos de Saint-Wandrille) construite dans le dixième siècle.

22. Vue intérieure de cet édifice.

23. Plan et ornemens des frises du même monument.

24. Divers fragmens des groupes en pierre qui décoraient l'église de Notre-Dame de Caillouville (enclos de Saint-Wandrille), parmi lesquels on remarque des damnés torturés d'une manière fort étrange.

25. Fontaine rustique et miraculeuse de Caillouville.

L'Ouvrage paraîtra le 1er janvier 1827.

Exemplaire ordinaire in-8°, papier fin. . . . . 10 fr.

Idem, avec une planche coloriée. 11

Exemplaire royal-8°, papier vélin. 20

Idem, avec frontispice sur papier de Chine et une planche coloriée. 22

On souscrit :

A Paris, chez

{
A. DUPONT et Cie, libraires, rue Vivienne, n. 16.
B. MONDOR, libraire, rue de Vendôme, n. 12.
PELICIER, libraire, place du Palais-Royal.
RAYNAL, libraire, rue Pavée-Saint-André-des-Arts.
NOEL aîné et Cie, édit. lithogr., rue de Vaugirard, n. 34.
}

A Rouen, chez

{
L'AUTEUR, rue Coignebert, n. 6.
FRÈRE, libraire, rue Grand-Pont, n. 17.
Mme veuve RENAULT, libraire, rue Ganterie, n. 26.
}

A Caen, chez MANCEL, libraire, rue Saint-Jean.

IMPRIMERIE DE J. TASTU,
RUE DE VAUGIRARD, N. 36.

ESSAI

HISTORIQUE ET DESCRIPTIF

SUR L'ABBAYE

de Saint-Wandrille.

𝔆𝔢𝔱 𝔒𝔲𝔳𝔯𝔞𝔤𝔢 𝔰𝔢 𝔱𝔯𝔬𝔲𝔳𝔢

A Paris, chez
LECLERCQ, éditeur, rue Garencière, n. 4.
AUDOT, libraire, rue des Maçons-Sorbonne, n. 11.
PELICIER, libraire, place du Palais-Royal.
B. MONDOR, libraire, rue de Vendôme, n. 12.
RAYNAL, libraire, rue Pavée-Saint-André-des-Arts.
NOEL aîné et Cie, édit. lithogr., rue de Vaugirard, n. 34.

A Rouen, chez
L'AUTEUR, rue Coignebert, n. 6.
FRÈRE, libraire, rue Grand-Pont, n. 17.
Mme veuve RENAUD, libraire, rue Ganterie, n. 26.

Et à Caen, chez MANCEL, libraire, rue Saint-Jean.

AVIS AU RELIEUR.

E. B. C.ᵗ et M.ᵐᵉ Espérance Langlois del & sc.

Porte du Cloître.

ESSAI

HISTORIQUE ET DESCRIPTIF

SUR

L'ABBAYE DE FONTENELLE

OU

de Saint-Wandrille,

ET

SUR PLUSIEURS AUTRES MONUMENS DES ENVIRONS;

PAR

E.-HYACINTHE LANGLOIS,

DU PONT-DE-L'ARCHE,

PEINTRE, MEMBRE DE LA SOCIÉTÉ ROYALE DES ANTIQUAIRES DE FRANCE, DE L'ACADÉMIE DE ROUEN,
DE LA SOCIÉTÉ LIBRE D'ÉMULATION DE CETTE VILLE, DE CELLE DES ANTIQUAIRES DE LA
NORMANDIE, DE LA COMMISSION POUR LA RECHERCHE DES ANTIQUITÉS DE LA
SEINE-INFÉRIEURE, DES SOCIÉTÉS ACADÉMIQUES DE L'EURE,
DE NANTES ET DE METZ.

AVEC UN GRAND NOMBRE DE FIGURES ET DE PLANS INÉDITS

DESSINÉS ET GRAVÉS PAR L'AUTEUR

ET PAR

Mlle ESPÉRANCE LANGLOIS.

✤

Omnia tempus habent et suis spatiis transeunt universa sub cœlo.
Ecclesiastes, c. III, v. I.

✤

PARIS

IMPRIMERIE DE J. TASTU,

RUE DE VAUGIRARD, N. 36.

✱

M DCCC XXVII.

AVANT-PROPos.

Si quelque chose pouvait adoucir aux yeux de l'humanité l'âpreté des tableaux qu'offrent les premières phases de notre monarchie, ce serait sans doute les réunions spontanées de ces hommes pacifiques, qui, fuyant une société avilie par la bassesse et désolée par la violence, s'enfonçaient dans la solitude pour y méditer sur un meilleur monde, et rallumer à l'abri du cloître le flambeau presque éteint des lumières.

Mais s'il était facile à ces pieux émigrans de renoncer aux espérances du siècle, de mépriser les superfluités de la vie, souvent

a

ils n'emportaient au sein de leur retraite avec ces besoins, inséparables tyrans de notre frêle nature, qu'un grand courage et de nobles désirs. Un miracle seul alors pouvait les investir des moyens compliqués, des ressources colossales qu'exigeaient la solennité de leur entreprise, et la naturalisation de plusieurs centaines d'hommes, au fond d'un désert inculte et sauvage. Ce miracle s'opérait [1]; les rois

---

[1] Ces associations nombreuses n'étaient pas toujours, il est vrai, le résultat d'une opération collectivement et simultanément entreprise et dirigée vers une fin combinée d'avance ; quelquefois un simple ermite devenait seul, et sans l'avoir prévu, la cause indirecte d'un grand établissement cénobitique : c'était quand son exemple, joint à l'impulsion du siècle, lui attirait beaucoup de compagnons qui venaient successivement, adoptant le même genre de vie, élever leurs cellules dans les environs de la sienne. Lorsque ces hommes, animés d'un même esprit, se *régularisaient*, de leurs travaux secondés par les libéralités des grands, et souvent par les pieuses corvées du peuple, naissait le monastère.

eux-mêmes volaient au secours de ces exilés volontaires, leur assuraient un vaste domaine, édifiaient leur temple et leur asile, les comblaient de dotations, d'immunités et de franchises. A l'exemple des monarques, les grands seigneurs s'empressaient de corroborer par des bienfaits, par des présens magnifiques, ces corporations naissantes, et les évêques manquaient rarement de les favoriser de tout leur pouvoir, immense alors, surtout lorsque par le lieu de leur situation ces établissemens religieux relevaient de leur diocèse.

Le prélat ambitieux les voyait avec orgueil ajouter à l'importance de sa juridiction, augmenter le nombre de ses prérogatives [1]; celui qui marchait humble-

---

[1] Un peu plus tard et pendant fort long-temps l'autorité des évêques sur les monastères fut excessivement restreinte.

ment dans la voie de l'Évangile n'apportait pas moins de zèle à les protéger, dans l'espoir de voir fleurir dans leur sein les doctrines sacrées et les vertus qu'elles recommandent. Une pareille attente n'était jamais déçue. L'oisiveté, la débauche, l'ambition, la haine, l'avarice, l'égoïsme au cœur de glace, n'avaient point encore souillé de leur odieux cortége ces enceintes sacrées. Tout entiers à leurs devoirs, ces premiers solitaires n'abandonnaient la prière et l'étude que pour remplir le vœu de leur saint patriarche [1], en se livrant avec ardeur au travail manuel. Il était pour eux l'antidote salutaire contre les maux réels et les illusions fâcheuses qui naissent de l'inaction corporelle et de l'ennui. Il leur offrait dans une source nouvelle de

[1] Saint Benoît.

richesses le garant de leur indépendance. Ainsi le monastère, foyer d'une industrie vivifiante, asile de la tendre charité, devenait le canal par lequel refluaient sur une population esclave, misérable et dédaignée, des bienfaits émanés du trône et des consolations en tout genre.

Cette peinture loin d'être flattée serait même imparfaite, si nous n'y ajoutions ce dernier trait : lorsque ces hommes utiles acquéraient de tels droits à la reconnaissance de leurs contemporains, ils prélevaient encore un tribut différent sur celle des siècles à venir. En effet (compensation trop inappréciée des désastres de ces âges ténébreux !), quand le politique absurde, quand le guerrier féroce semblaient avoir pris pour devise : *Ruine et ravage ; Construire, préserver et transmettre,* était celle des laborieux, des persévérans solitaires. C'est en la mettant successivement en action, qu'ils réussirent à frayer en silence la brillante carrière où, depuis le dernier Constantin, s'élancèrent tant d'hommes illustres dans les sciences et les arts, et particulièrement les écrivains célèbres dont s'honore l'ordre auquel nous faisons allusion [1].

Tel fut, dans nos siècles de fer, l'âge d'or de la vie cénobitique ; tels furent ces hommes antiques qu'une injuste préven-

---

[1] « J'estime, dit Naudé (*Apologie des grands hommes* » *accusés de magic*, 2ᵉ partie, pag. 346 et 347), qu'il est » à propos de parler maintenant des religieux, et de » monstrer quelle ingratitude ce nous est de recognoistre » si mal l'obligation que nous leur deuons auoir de la » conseruation des lettres depuis le siècle de Boece, Sym- » maque et Cassiodore jusques enuiron la dernière prise de » Constantinople, que l'on a commencé à les tirer hors » des monastères, lesquels pendant tout ce temps-là » avoient été comme les escholes publiques et chres- » tiennes, où non-seulement la jeunesse, mais aussi les » hommes qui s'y vouloient addonner estoient instruits et »

tion confondit sans distinction d'époques, de règles et de mœurs, avec ceux que trop souvent une existence inutile et scandaleuse fit qualifier avec raison de membres parasites du corps social , et comparer comme tels *au ventre gourmand et paresseux.*

On ne se contenta pas d'épuiser sur les moines de tous les temps les traits du ridicule; la haine, cherchant avidement dans leurs propres chroniques matière à les

» enseignez en toutes sortes de lettres , de sciences et
» bonnes mœurs, jusques là mesme que non contents de ce
» tant célèbre *quadriuium* des mathématiques qu'ils en-
» seignoient, outre ce que l'on monstre aujourd'huy dans
» les colléges , ils cultiuèrent aussi tellement la médecine
» pratique et théorique, que les escrits d'Ægidius ,
» Constantin Damascène, Joannitius, Pierre d'Espagne
» et Turisan, nous sont preuves assez suffisantes combien
» ils estoient versés en icelle ; de sorte qu'il me seroit
» facile de respondre à ceux qui les accusent de rudesse
» et d'ignorance, si je n'aimois mieux porter le remède
» où il en est le plus de besoin, etc., etc.... »

avilir, divagua jusqu'à diriger contre eux l'allégation des coupables excès, à l'expiation desques ils durent souvent une partie de leurs richesses. Eh! qu'importe après tout que le crime puissant, mais bourrelé par les terreurs d'un éternel châtiment, ait cherché jadis des accommodemens, ou sa réconciliation avec le ciel en fondant des monastères! Ces établissemens philantropiques en furent-ils moins utiles, surtout dans leur origine? Le plus grand nombre en fut-il moins honoré par les vertus sans tache et la piété calme et désintéressée de leurs fondateurs?

Ainsi brilla cette auguste Saxonne que sa douce innocence, encore plus que ses charmes, éleva de l'esclavage au trône des Francs, et dont d'imbécilles légendaires firent, dans une fable célèbre par son absurdité même, une mère dénaturée; sainte Bathilde enfin [1].

Epouse du plus indolent des monarques, ce fut réellement sous les auspices de cette princesse douée d'une ame énergique et d'une piété active, que le règne de Clovis II l'emporta sur celui de Dagobert Ier pour le grand nombre de fondations religieuses. Parmi les abbayes fameuses datant de cette époque, on doit distinguer surtout Chelles, Corbie, et en Normandie Jumiéges [2] et Fontenelle, qui s'honoraient, avec beaucoup d'autres, d'avoir Bathilde pour fondatrice, ou de tenir de sa main

[1] Voyez ma *Notice sur le tombeau des énervés de l'abbaye de Jumiéges*, lue à la séance publique de la Société libre d'éducation de Rouen ; 1824, in-8, figures.

[2] **M. C. A. Deshayes** publie en ce moment une histoire complète de cette abbaye, avec fig. Nous croyons pouvoir signaler cet ouvrage comme digne de la curiosité de nos lecteurs.

royale les principes essentiels de leur splendeur temporelle.

Nous l'avons déjà dit, les évêques con-
tribuèrent puissamment à la propagation
de la vie monastique. De tous ceux qui
occupèrent successivement le siége épiscopal de Rouen, durant la longue période
du moyen âge, Dadon, en même temps
chancelier du royaume, et connu sous le
nom de saint Ouen, fut celui qui vit naître,
pendant son pastorat, le plus de maisons
claustrales, et qui mit le plus de soins à
protéger leur berceau. Heureux, si quelques pages de sa vie n'étaient obscurcies
par le nom de l'atroce Ebroin; ce pontife
ne s'en offre pas moins aux regards de
la postérité, comme ayant su concevoir et
consommer de grandes et louables entreprises. Le haut rang qu'elles lui assignè-
rent dans les fastes religieux, et les tra-

ditions monumentales de notre province exigent quelques détails qui d'ailleurs dépendent du sujet que nous traitons. Deux cent cinquante ans environ avant cet évêque, saint Victrice avait aussi brillé dans notre Eglise. Il avait créé beaucoup d'établissemens religieux , élevé quantité d'églises ou de monastères ; mais à l'exception de l'édifice qu'il fonda en l'honneur de saint Gervais, édifice qui, selon toute apparence, occupait la place où fut construite depuis l'église actuelle de ce nom ; à cette exception, disons-nous, il ne reste aucune trace matérielle des efforts de saint Victrice pour la gloire de la religion chrétienne. Saint Romain, qui fut élu en 626, est célèbre dans nos annales, mais par la destruction des temples des païens, bien plus que par des constructions chrétiennes. Il combattit les effets quand il aurait fallu attaquer les causes ; il détourna en quelque sorte le cours du torrent , au lieu de le tarir dans sa source ; et saint Ouen, qui lui succéda , trouva encore les peuples idolâtres , alors même que l'idolâtrie avait vu tomber tous ses temples.

Saint Ouen paraît ; il va convertir les esprits , réformer les mœurs, propager l'instruction religieuse , mais en proscrivant, il faut le dire, le goût de la littérature antique [1]. Sous son épiscopat, des

---

[1] Quid Pithagoras, Socrates, Plato et Aristoteles , nobis philosophando consulunt ? Quid sceleratorum neniæ poetarum, Homeri videlicet, Virgilii et Menandri, legentibus conferunt? Quid inquam , Sallustius, Herodotus et Livius, gentilium textendo historias , christianæ prosunt familiæ? Quid, Lysias , Gracchus, Demosthenes et Tullius arti oratoriæ insistendo , Christi puris atque præclaris possunt comparare doctrinis? Quid Flacci, Solini , Varronis , Democriti , Plauti et Ciceronis, aliorumque solertia , quos enumerare supervacaneum puto, nostras juvat utilitates. (*Vita S. Eligii*, auct. Audoeno, prologus.)

églises, dans la capitale, seront dotées, enrichies, construites ou fondées [1]. Dans les campagnes, des monastères vont s'élever sous sa protection ; les cénobites défricheront un sol jusque-là infertile, et civiliseront le pays d'alentour. L'évêque lui-même consacrera tout son temps, tous ses soins, tous ses efforts à répandre la parole de Dieu [2].

[1] Interea summo ardebat studio, ut monasteria et loca sanctorum construeret per totas Francorum provincias, maximè in propria diœcesi, ubi plura cœnobia magna et nobilia ex fundamentis construi fecit. Plura autem ex desidia priorum pontificum et abbatum neglecta, tamen restauravit. Primò ipsam matrem Ecclesiam, præ omnibus qui ante eum fuerant, rebus opimis, thesaurisque plurimis ditavit. Inter vero alia ornamenta, fecit ibi lectum auro inclusum (vel insculptum) ob amorem sanctæ Dei genitricis Mariæ. (*Vita sancti Audoeni*, apud Boll., tome IV du mois d'août, p. 215, 1re col.)

[2] Ipse autem sine intermissione, verbum Dei prædicabat, instans secundùm apostolum opportunè, arguens, obsecrans, increpans cum patientia et doctrina. (*Idem, ibidem*, col. 2.)

Parmi tous les monastères fondés sous les auspices de saint Ouen, celui de Fontenelle, objet de cet écrit, brille d'un éclat particulier dans l'histoire. Sous le rapport des études, principalement, il s'acquit une réputation que peu d'autres ont égalée, qu'aucun autre ne surpassa. L'abbaye est à peine créée que les lettres y fleurissent. Une bibliothèque nombreuse et choisie s'y forme tout-à-coup par les soins de son premier abbé, saint Wandrille, dont elle prendra bientôt le nom. La jeunesse y accourt de toutes parts, et remplit ses écoles. Elle fournit de grands personnages de tous les genres. Tels furent Génésion et Lambert, qui sortirent de son cloître pour monter sur le siége épiscopal de Lyon; tel fut surtout Ansbert, qui mérita de succéder à saint Ouen sur celui de Rouen. Ce fut de Fontenelle que sortit Wulfranc, accompagné de plusieurs religieux, pour aller prêcher l'Evangile aux Frisons. C'est au savant Anségise, abbé du monastère au neuvième siècle, que nous devons le premier recueil qui ait été fait des Capitulaires de Charlemagne et de Louis-le-Débonnaire. C'est encore des murs élevés par saint Wandrille, que sont arrivées jusqu'à nous les seules annales locales, antérieures à l'établissement des hommes du Nord dans notre province, ce précieux *Chronicon Fontanellense*, publié pour la première fois par dom Luc d'Achery, et que ne sauraient trop feuilleter les amis de notre histoire [1].

Enfin les moines de Fontenelle eurent

---

[1] Pour tout ce qui regarde l'histoire littéraire de Fontenelle depuis sa fondation jusqu'au commencement du dixième siècle, voyez le Mémoire de M. Théodore Liquet, intitulé : *Recherches sur l'histoire religieuse,*

l'avantage de contribuer peut-être les premiers de la France aux progrès de la calligraphie. Ce furent eux qui travaillèrent le plus efficacement au perfectionnement de la *minuscule caroline* ou carlovingienne, qui fraya le chemin aux caractères de l'imprimerie, et du renouvellement de laquelle l'honneur appartient à Charlemagne, quoiqu'on eût commencé à la rectifier dès le règne de Pepin, et même un peu auparavant[1].

morale et littéraire de Rouen, depuis les premiers temps jusqu'à Rollon ; mémoire couronné par la Société d'émulation de Rouen, dans la séance du 9 juin 1826. Cet ouvrage écrit d'un style élégant, et rempli d'érudition, présente, malgré l'exiguité *voulue* de son cadre, une peinture extrêmement curieuse des temps de notre histoire sur lesquels la disette ou l'insuffisance des anciens écrivains avaient laissé se répandre le plus d'obscurité. La vive lumière que font jaillir sur les événemens, les mœurs et le génie de ces siècles reculés, le discernement délicat et les savantes recherches de l'auteur, n'est pas son moindre titre aux éloges qui lui sont dus pour la manière heureuse dont il a su remplir sa pénible tâche.

[1] *Dictionnaire raisonné de diplomatique,* par dom

Il existe depuis quelques années surtout, une rivalité louable pour sauver de
l'oubli et de la destruction les nobles édifices que vit élever le moyen âge; et la
Normandie, cette terre des châteaux et
des églises, suivant l'expression juste d'un
savant bibliographe anglais [1], la Normandie a reçu les premiers hommages.
MM. F. Mackensie, Cotman, Dibdin,
Dawson-Turner, sont venus tour à tour
des bords de la Tamise sur ceux de la Seine
pour admirer, dessiner et décrire nos antiquités monumentales. En ce moment
même M. Pugin, habile architecte, fixé
en Angleterre, mais que la France aime à
réclamer comme un de ses enfans, M. Pugin,
disons-nous, reproduit nos édifices les

De Vaines, tome I, p. 453, *verbo* Écritures; et l'*Hist.
littér. de la France*, t. 4, p. 20.

[1] Le révérend E. F. Dibdin.

plus remarquables ; et ce qui doit ajouter
un grand poids à l'importance de son ouvrage, c'est que ne se bornant pas à publier les plans, les élévations, les coupes
et les détails de ces mêmes monumens ou
de leurs plus belles parties, il dévoile
encore à l'architecte qui pourrait se trouver chargé de les restaurer, de les relever
même, les combinaisons secrètes et les
moyens qui furent employés pour les construire. Enfin nos antiquités occupent aujourd'hui le crayon des artistes, la plume
des écrivains, l'attention scrupuleuse des
érudits.

Quel que soit, dans l'intérêt de la science,
le résultat des travaux des hommes stu-
dieux nés parmi nous, qui désirent contribuer à l'illustration de notre province,
en éclairant son territoire du flambeau
de l'archéologie, on ne doit pas moins ap-

plaudir au sentiment qui les dirige. Ce n'est point une vaine curiosité qui les anime, c'est ce respect, c'est cet amour inné du pays où nous venons au jour. Qui oserait affirmer que le plus magnifique des édifices de la Grèce et de Rome, en le supposant encore debout et sous nos yeux, excitât dans nos ames ces émotions touchantes, ces affections de famille, si je puis le dire, que nous inspire la vue de nos monumens nationaux? Non, j'en suis certain, cette parité de sentimens serait impossible. La gloire des beaux siècles de Périclès et d'Auguste nous est entièrement étrangère. Elle ne peut réfléchir aucun éclat de notre existence politique, et nous réclamons au contraire comme notre patrimoine tout ce qui nous rappelle que Charlemagne et saint Louis furent Français comme nous.

Le berceau de notre ancienne architecture fut entouré des ténèbres de la barbarie, je le confesse; mais quand il serait vrai que le style, improprement appelé gothique, ne connut, pour tenir le langage de ses dépréciateurs, d'autres principes que ceux d'une imagination désordonnée, ne mériteraient-ils aucun tribut d'éloge, ces vieux artistes dont l'habile audace introduisit dans nos temples cette combinaison d'effets mystérieux comme nos dogmes sacrés, ces formes légères comme l'air où nous le voyons s'élancer, ces proportions grandes, vastes, majestueuses comme l'idée du souverain Être?

Puisque la main des hommes a opéré sur nos anciens monumens des ravages que les siècles n'auraient pu produire; puisque au lieu de ces masses vénérables auxquelles, de nos jours et sous nos yeux, l'ignorance n'a pas craint d'appliquer le fer et le feu, nous ne retrouvons plus que des ruines chancelantes et des débris épars, l'archéologie doit en consacrer le souvenir, et le burin en retracer les modèles. L'antique église de Saint-Wandrille, par son état actuel de dévastation, réclamait plus impérieusement qu'aucune autre nos investigations laborieuses ; puissent-elles consoler les antiquaires et les artistes de la chute totale et prochaine de cette basilique.

Il n'en est pas ainsi des bâtimens claustraux ; l'importance, la solidité, la beauté de leurs masses, la vaste étendue des pièces nombreuses dont ils sont composés, doivent en faire une propriété trop précieuse dans un département manufacturier comme le nôtre, pour que nous puissions craindre de les voir bientôt grossir l'amas de ruines dont ils sont entourés. Nous présageons avec plaisir que leur conservation sera le garant de celle du réfectoire et du cloître, les seuls édifices gothiques restés à peu près dans ce magnifique monastère. Seize planches et plusieurs vignettes accompagnent le texte de ce volume ; j'en ai pris les dessins sur les lieux, d'après l'invitation expresse de la commission des antiquités de Rouen, et par l'ordre de M. le baron de Vanssay, préfet de ce département. Ils appartenaient donc en quelque sorte à cette commission. M. le préfet, qui la préside, a bien voulu m'autoriser à les publier par avance, en les joignant à mon Essai historique sur notre célèbre abbaye ; que ce magistrat reçoive donc le témoignage public de ma reconnaissance.

Je n'étais point seul à recueillir les dessins dont je viens de parler ; j'en dois la plupart aux crayons de ma jeune collaboratrice, à laquelle je ne puis accorder ici le moindre éloge. Les louanges d'un père paraîtraient toujours suspectes, alors même qu'elles seraient méritées, et son langage, fût-il avoué par la vérité, retiendrait toujours en apparence quelque chose des inspirations de la nature.

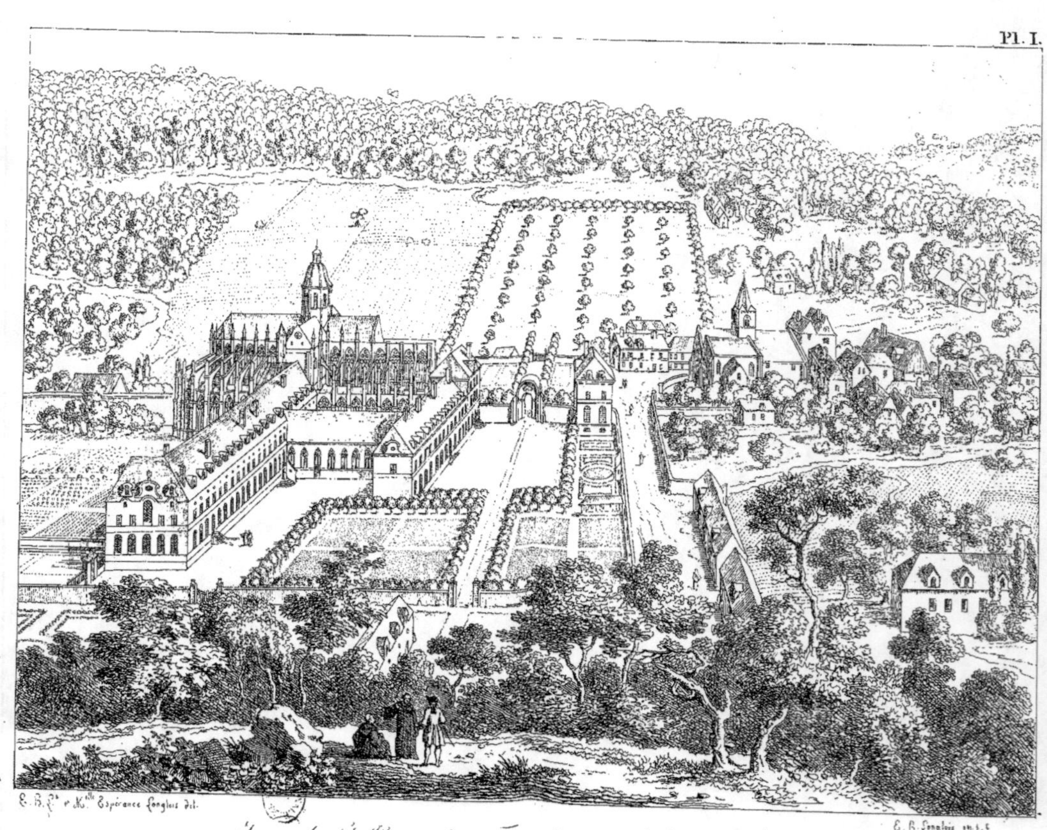

Vue de l'abbaye de Fontenelle ou de S.t Wandrille, et du village du même nom prise de la chapelle S.t Saturnin.

ESSAI

HISTORIQUE ET DESCRIPTIF

Sur l'Abbaye

DE

FONTENELLE

OU DE

Saint-Wandrille.

ONTENELLE était sans contredit un des monastères les plus illustres de l'ordre de Saint-Benoît, et même de l'Europe chrétienne, et nos fastes historiques en ont, depuis un grand nombre de siècles, consacré la célébrité. Malheureusement l'archéologie n'en a réclamé des images

I

fidèles qu'au moment où ses ruines ébranlées allaient s'écrouler et disparaître. C'est donc spécialement sur ces précieux débris que j'ai fixé mon attention, dans notre dernière tournée archéographique ; et le désir de publier un travail complet sur cette abbaye , m'a fait sacrifier tout le temps nécessaire à l'exécution des planches tirées des nombreux dessins que nous en avons recueillis [1]. Si j'ai , dans mon texte, ajouté à mes propres observations beaucoup de documens relatifs à l'histoire monumentale de Saint-Wandrille puisés dans les manuscrits de sa propre bibliothèque, c'est dans la persuasion que ce n'est que par l'intervention réciproque de la plume et du pinceau , qu'on parvient souvent à conserver

[1] En dessinant , d'après nature, en 1825 , la vue générale de Saint-Wandrille dont nous offrons la gravure, nous n'avons eu d'autre restitution à faire que celle de l'Église , d'après les ruines de cet édifice et les planches du *Monasticon Gallicanum* dont nous allons bientôt parler.

l'idée complète d'un objet qui n'est plus.

Comme il n'est point question de retracer ici l'histoire ecclésiastique de cette abbaye, mais les observations et les faits qui se rattachent à la structure de ses édifices les plus remarquables, je passerai rapidement sur les événemens antérieurs au treizième siècle, époque de la construction de la basilique actuelle [1].

L'origine de ce monastère, le plus ancien de la Normandie après celui de Saint-Ouen de

---

[1] Les ouvrages que j'ai principalement consultés dans la partie de mon travail relative à Saint-Wandrille, sont les manuscrits suivans provenant de cette abbaye et conservés à la bibliothèque publique de Rouen, dans la classe de ceux qui concernent spécialement la Normandie :

Históriæ Fontanellensis compendium, n. 101.

Le Sanctuaire de la sainte et royale Abbaye de Fontenelle, n. 105.

Le Trisergon de la sainte Abbaye de Fontenelle, par Dom Alexis Bréard, n. 109.

Traité des hommes illustres de la très-sainte et très-royale Abbaye de Fontenelle, n. 112.

Histoire de l'Abbaye de Saint-Wandrille, depuis l'introduction de la réforme, n. 115.

Rouen, remonte à la onzième année du règne
de Clovis II, règne malheureux, et pourtant
si fécond en grands établissemens du même
genre. Le fondateur de celui-ci, saint Wandrille (*Wandregisilus*), était originaire de
Verdun. Issu de parens illustres, descendu
même des rois de France par une de ses
aïeules, Blithide, fille de Clotaire Ier, malgré
les honneurs que lui promettaient son mérite
et sa naissance, ce pieux personnage résolut
de renoncer au monde pour se consacrer à
Dieu. Dans ce dessein, il choisit, à sept lieues
de Rouen, à trois quarts de lieue de Caudebec, et non loin de la rive droite de la
Seine, un bois dépendant du désert de Jumiéges, et portant alors le nom de *Bothmar*
ou *Bothmari*[1]. Ce fut au fond d'un vallon de
cette sauvage retraite que Wandrille érigea

[1] Le texte porte *Bothmariacas*, mais il paraît qu'il
faut lire *Rothmariacas*, du nom de Rothmarus, qui
avait reçu ce lieu de la munificence royale. Cette ob-
servation est de M. A. Le Prévost, qui pense que le nom

son nouveau monastère, en 684 [1], sous le
titre de Saint—Pierre [2]. Outre la principale
église du nom de cet apôtre, à laquelle il
donna, dit—on, deux cent quatre—vingt—dix
pieds de long sur trente—sept de large (gran-
deur peut—être exagérée), il en construisit
encore deux autres, dont il dédia la première
à saint Laurent, la deuxième à saint Pan-
crace, puis y plaça des reliques de ces deux
martyrs qu'on lui avait apportés de Rome.
Dans les actes les plus anciens de ces temps,
l'abbaye est quelquefois appelée du nom de
ces deux saints ; mais on lui donnait bien

de la forêt de Roumare se rattache à la même étymo-
logie.

[1] Suivant le *Gallia Christiana*. — Selon Dom Bréard,
Triserg., page 731, ce saint en jeta les fondemens le
1er mai 645.

[2] Une multitude d'autres grands monastères élevés
vers là même époque furent également dédiés au prince
des apôtres. Cela tenait peut-être non moins à la vénération particulière que l'on avait pour ce bienheureux
qu'à l'influence prodigieuse que le Saint-Siége exerçait
déjà sur toute la chrétienté.

plus communément celui de *Fontanella* ou *Fontinella*, à cause du ruisseau sur lequel elle est assise, et qui prend sa source à cinq cents pas du monastère, près de la chapelle de Caillouville. Une quatrième église fut encore érigée par le même fondateur : c'était celle de Saint-Paul, que D. Alexis Bréard appelle, dans son *Trisergon de Fontenelle*, le *Sancta sanctorum* du monastère.

En effet, dans cette dernière, détruite par les religieux eux-mêmes dans le siècle passé, malgré la vénération que le peuple conservait pour elle, on avait déposé les dépouilles mortelles de saint Wandrille même, celles de saint Ansbert, le quatrième de ses successeurs, devenu depuis archevêque de Rouen, enfin les corps de saint Wulfran et de saint Erembert, qui, de simples religieux de Fontenelle, furent élevés aussi aux plus hautes dignités ecclésiastiques. En 704, saint Bain (*Baynus*), sixième abbé de ce monastère et évêque de Térouanne , translata les trois premiers dans la grande église, et les ossemens du fondateur furent remplacés dans le tombeau qu'ils occupaient par ceux de saint Erembert.

Ces premiers temples, renfermés probablement dans l'enceinte primitive de Fontenelle, ne furent point les seuls qu'éleva la piété de ces antiques cénobites. Bientôt ils s'entourèrent encore des églises de Saint-Amand de Goville, de Saint-Saturnin, de Saint-Michel, devenue depuis église paroissiale, et construite des matériaux romains de *Juliobona*, aujourd'hui Lillebonne; enfin de celle de Notre-Dame de Caillouville, devenue dans la suite la plus curieuse sous le rapport de l'art.

Nous pourrions citer encore, en nous éloignant plus ou moins de Fontenelle, beaucoup d'autres fondations religieuses, églises, chapelles, léproseries, qui faisaient également partie de ses dépendances. Mais il en était une à laquelle nous devons une mention toute particulière en raison de sa proximité de cette illustre abbaye dont elle était en quelque sorte la fille, et qu'elle égala peut-être par l'importance de ses édifices.

C'était le monastère de Belcinac, élevé dans l'île de ce nom, située jadis au milieu de la Seine, un peu au-dessus de Caudebec. Cette île, dont l'étendue était au septième siècle de trois mille pas de long sur quinze cents de large, fut donnée par le roi Thierry, fils de Clovis II et de Bathilde, à saint Condède, religieux de Fontenelle. Ce pieux solitaire y fonda le monastère dont nous venons de parler, et trois églises, dont il consacra la première à la sainte Vierge, la seconde à saint Pierre, et la troisième à saint Valery. En 675, le saint fondateur fit à l'abbaye de Fontenelle le don de l'île et du monastère de Belcinac. Cette donation, confirmée par le même roi Thierry, le fut encore plusieurs siècles après par Philippe-le-Long en 1319, et par le roi Jean, n'étant alors que duc de Normandie, en 1349.

Depuis, Belcinac fut entraînée par les flots : terres, églises, monastères, tout disparut, tout fut englouti dans les gouffres du fleuve. Image frappante du néant des grandeurs et des vicissitudes de la vie !

Aujourd'hui l'esquif naufragé repose au fond de l'abîme, sur les ruines inconnues de ces voûtes audacieuses, de ces faîtes altiers qui semblèrent si long-temps suspendus dans les airs. En 1641, l'île reparut au-dessus de l'onde, mais hideuse et nue comme la mort. Le soleil ne devait plus vivifier ses plages désolées : la *Barre*[1], son antique et indomptable ennemie, la détruisit et la submergea de nouveau.

Dans les premiers temps de sa fondation,

[1] La *Barre* est un flot terrible qui, se prolongeant d'une rive à l'autre, remonte périodiquement la Seine à contre-courant avec un fracas et des mugissemens épouvantables jusqu'aux approches de Rouen. Peu sensible dans la plupart des marées, aux époques de la pleine et de la nouvelle lune, surtout au temps des équinoxes, cette vague redoutable pousse, renverse ou détruit dans sa course impétueuse tout ce qui lui oppose quelque ré-

Fontenelle comptait jusqu'à trois ou quatre cents religieux. Plusieurs de nos monarques et leurs royales épouses, la plupart de nos ducs, les comtes d'Évreux et d'autres grands personnages, la comblèrent successivement de bienfaits, dont elle fit long-temps le plus saint, le plus honorable emploi. « Ce monastère, » dit Noël, dans ses *Essais sur le département de la Seine-Inférieure*, était siége » d'instruction pour les lettres et la musique. » C'est dans son enceinte que Théodoric,

sistance. Les *Études de la Nature,* de Bernardin de Saint-Pierre, offrent une peinture admirable de ce phénomène qu'ont aussi parfaitement décrit MM. F. Rever, correspondant de l'Institut, et Morlent; le premier, dans un de ses ouvrages intitulé : *Voyage des élèves de l'École centrale de l'Eure,* et le second, dans son *Histoire du Hâvre et de ses environs.* Tel est le fléau qui détruisit jadis les autels élevés par le pieux Condède. « On a de- » mandé dernièrement si les écueils voyageurs qui em- » barrassent le passage de Quillebeuf, ne seraient pas » les débris submergés de l'île de Belcinac, cherchant à » se réunir encore à la surface des eaux. » M. T. Licquet, ROUEN, *Précis de son histoire,* etc. Frère, libr.-édit. Paris, 1827. In-8°, p. 281.

» fils de Childeric dernier roi de France
» de la dynastie mérovingienne, termina ses
» jours. École pour la jeunesse, retraite pour
» la vieillesse, asile de ce qu'il y avait alors de
» beaux-arts et de sciences, tout cela se trou-
» vait à Fontenelle, avant que le relâchement de
» la discipline monastique, l'oubli des mœurs
» qui en fut la suite, la soif des honneurs, des
» titres et des priviléges, eussent remplacé la
» ferveur exemplaire, la vie simple et labo-
» rieuse des premiers temps. » Dans ce passage,
l'auteur oppose évidemment l'état florissant de
Fontenelle, sous Charlemagne et plusieurs de
ses successeurs, à quelques époques bien moins
brillantes de ses annales, et surtout à l'abjec-
tion profonde dans laquelle ce monastère était
tombé à l'époque de la Ligue. Au reste, il fut,
dans son âge d'or, regardé comme un *véritable
sanctuaire*, et plusieurs écrivains ecclésiastiques lui déférèrent jadis ce titre, que le P. Duplessis justifie, en remarquant que dix-huit de
ses abbés, et dix ou douze de ses religieux,

eurent anciennement un culte public dans l'é-
glise, et des temples consacrés en leur honneur.

Il serait facile, quand même nous manque-
rions de documens à cet égard, de se figurer,
d'après la quantité d'édifices religieux groupés
autour de la basilique de Fontenelle, la com-
plication, l'importance et l'étendue de ce premier monastère. De cet immense amas de
constructions antiques, il ne restait, dans le
siècle dernier, rien de visible qui fût antérieur à l'an 1250, que la chapelle de Saint-
Saturnin, et quelques vestiges de l'église de
Saint-Laurent, bâtie par saint Wandrille ;
encore ces derniers étaient - ils presqu'ina-
perçus dans l'enceinte de l'avant-dernier logis
abbatial, situé au nord de l'abside de la principale église.

Il est vrai que plusieurs fois engloutie sous
ses ruines, plusieurs fois Fontenelle s'était re-
levée sous des formes toujours nouvelles. Mais
la main destructrice des années avait eu moins
de part à ces diverses métamorphoses que les

ravages de l'incendie, et la brutale furie des hommes du Nord.

Parcourons rapidement cette triste série d'événemens. En 754, les flammes ayant, par une funeste négligence, consumé la grande église de Saint-Pierre, le roi Pepin la fit relever en 756, pendant le gouvernement de Gui II, quatorzième abbé. En 842, le monastère allait être détruit par les Normands, si saint Foulques, vingt-unième abbé, ne l'eût, au poids de l'or, racheté de ces barbares : *Extinxit faces*, dit un historien de l'abbaye, *quas ædibus Fontanellæ Dani jam inferebant.* Louis, un de ses successeurs, est forcé d'employer plusieurs fois le même moyen avec ces avides pirates. Mais à leur quatrième irruption, en 862, cet abbé lui-même et ses religieux, emportant avec eux les reliques de tous leurs saints, ne trouvèrent de ressource que dans la fuite. Les Normands, trouvant Fontenelle sans moines et presque totalement dépouillée, s'en vengèrent en réduisant l'abbaye en cendres. En 960, le vénérable abbé Maynard, d'abord moine à Gand, releva ce monastère qui, depuis près d'un siècle, était enseveli sous ses ruines. Mais l'église ne fut reconstruite, ou plutôt entièrement achevée qu'au commencement du onzième siècle, par l'abbé saint Gérard. On rapporte qu'en examinant dans l'église de Saint-Pierre, en 1009, les fondations des cryptes de l'ancienne basilique, pour en construire de nouvelles, il trouva le corps de saint Wulfran, sans la moindre corruption. Rien n'empêche de croire que la terre recèle aujourd'hui des vestiges curieux de ces antiques constructions.

Saint Gradulphe, successeur immédiat de saint Gérard, fit bénir, en 1033, l'église que ce dernier avait construite, par Robert Ier, archevêque de Rouen. Ce fut dans cette circonstance solennelle qu'outre le nom de Saint-Pierre qu'avaient porté les précédentes églises, celle-ci reçut le nom de Saint-Wandrille, qui n'a cessé de prévaloir depuis.

Nous arrivons à l'époque où cette basilique devait voir, dans sa structure, succéder aux pleins cintres, aux robustes et lourds piliers de l'architecture romane, les formes élancées du système gothique, et l'ogive qui constitue son principal caractère. Il est inutile de faire observer que c'est de l'édifice mutilé depuis la révolution que nous allons maintenant parler.

ÉGLISE ABBATIALE.

Dans le cours de l'an 1250, un effroyable incendie détruisit de nouveau la grande église, sous le gouvernement de Pierre Mauviel. Cet abbé, assez maltraité par le P. Duplessis, dans son article de Saint-Wandrille, s'empressa néanmoins de travailler sans relâche à sa reconstruction. Constamment à la tête des ouvriers, il employait avec eux un langage au moyen duquel on est presque toujours sûr de stimuler les hommes, même dans des conditions plus élevées : « Courage, enfans, leur » disait-il, la pierre vous manquera plutôt » que l'argent! » On a dit qu'en parlant de la

sorte, Mauviel ne voulait que faire une espèce
de calembourg allusif à son âge avancé et à son
prénom. Que cela soit ou ne soit pas, le bon
abbé se servait là d'une rude antithèse, s'il est
vrai, comme on le prétend, que les carrières
d'où l'on tirait les matériaux, existent sur des
montagnes voisines, mais presqu'encombrées
aujourd'hui. Le temps ne m'a pas permis d'ac-
cepter l'offre qu'on m'a faite de m'y conduire.
Cette vérification, qu'il sera long-temps encore possible de faire, n'est certainement pas
sans intérêt pour le géologue et pour l'antiquaire.

Après la mort de Pierre Mauviel, arrivée en
1255, son successeur, le vénérable Geoffroy de
Noitot, poursuivit avec la même ardeur la
construction de la basilique, dont il fit élever
le chœur, entreprise qui valut à sa mémoire
le distique suivant, inséré par le moine Tritus
dans son *Catalogue des abbés de Fontenelle :*

Gaufridus sequitur quem movit adustio sæva :
Atque novum fecit ædificare chorum.

Au commencement du seizième siècle, le prieur D. Guillaume Lavieille, administrateur zélé, excellent religieux, mais poëte comme il y en a tant, parfuma de l'encens de ses vers la mémoire des saints et des autres personnages illustres de Saint-Wandrille. Sa muse prêta au réédificateur de l'abside sacrée le langage suivant :

> Sous Pierre Mauuiel, natif de Fontenelle
> Et uraiment desireux de la uie éternelle,
> Le feu tout pétillant et aidé par le uent,
> Le temple ayant brulé de ce très sainct couuent,
> Moy, Geoffroy de Noytot, poussé de réuérence,
> En rebatis le chœur auec telle despence
> Qu'à peine en uoyait-on un seul en ce tems-là
> Auec qui en hauteur de pareil il n'alla.

La crosse abbatiale ayant, en 1288, passé, par le décès de Geoffroy, dans les mains de Guillaume de Norville, Guillaume de la Douillie ou de la Doublie, successeur de ce dernier en 1303, ou 1304, fit bâtir la moitié de l'église, c'est-à-dire une partie de la croisée et la nef, avec l'aile du cloître qui s'y trouve contiguë, du côté du nord. Il paraît que les

travaux éprouvaient dès-lors de fâcheuses sus-
pensions, puisque ce ne fut que vers la tren-
tième année de son gouvernement, c'est-à-
dire en 1331, que cet abbé fit ériger la belle
et haute tour de pierre qui s'élevait au-dessus
de la lanterne, au centre de la croisée. En
1631, époque de sa chute désastreuse, elle
renfermait six cloches, dont la plus grosse
avait été donnée en 1520 par le bon Jacques
Hommet, dernier abbé régulier de Saint-
Wandrille. Cette cloche portait sur son listel
le quatrain suivant :

Je fus nommé par l'abbé Jacques.
Priez Dieu pour le poure Hommet;
Mille V cents vingts, ainsi que on met
Escript au cierge de Pasques.

D'après cette inscription, on peut regarder
comme probable qu'avant 1564, époque où
Charles IX décida, par l'ordonnance de
Roussillon, que l'année commencerait désormais au 1ᵉʳ de janvier, on avait coutume d'ap-

poser sur le cierge pascal le chronogramme du nouvel an, soit pour en proclamer, soit pour en sanctifier l'avénement [1].

Lors de l'écroulement de la tour, dans le dix-septième siècle, des six cloches qu'elle renfermait, une seule ne fut pas brisée. Si ce fut celle à laquelle je viens d'accorder une mention

---

[1] Une nouvelle lecture des *Voyages liturgiques de France*, par le sieur de Moléon (Le Brun des Marettes), m'a rappelé qu'on pouvait même regarder ce fait comme certain, l'auteur précité disant affirmativement, p. 318, que l'église de Rouen observait un fort ancien usage, consistant à attacher la table pascale, écrite sur un beau vélin, à une grosse colonne de cire haute d'environ vingt-cinq pieds. Il rapporte ensuite l'inscription qui fut rédigée en quarante-huit articles pour l'année 1697, époque bien postérieure à l'édit de Roussillon. C'est une espèce de calendrier ecclésiastique et *historial* terminé par cette formule :

Consecratus est iste cereus in honore Agni immaculati et in honore gloriosæ Virginis ejus genitricis Mariæ.

Jean Beleth, dans son livre des *Divins Offices*, chapitre 108, parle de cette coutume en ces termes :

Annotatur quidem in cereo paschali annus ab incarnatione Domini : inscribuntur quoque cereo paschali Indictio vel OEra, atque Epacta.

particulière, elle était destinée à périr plus tard, avec les sept autres qui retentissaient avant la révolution dans le dernier clocher de Fontenelle. Elles furent, suivant l'usage, rompues à la porte du couvent ; et ce que j'ai peine à croire, quoique plusieurs témoins oculaires me l'aient unanimement affirmé, c'est que le plus volumineux de ces corps sonores résista une partie du jour, avec des mugissemens épouvantables, aux énormes coups de masses de fer que lui assénaient, en se relayant, les hommes les plus vigoureux.

Avec Guillaume de la Douillie, mort en 1341, cessèrent, jusqu'au dix-septième siècle, les reconstructions les plus remarquables auxquelles la basilique de Fontenelle ait jamais donné lieu ; et depuis cet abbé jusqu'à nos jours, ce vaste et beau monument demeura toujours imparfait. Ce fut en vain que Clément VII, pape d'Avignon, comme l'appelle D. Duplessis, octroya aux religieux, à la prière de Charles VI, la réunion à leur abbaye du prieuré de Quitri, dans le Vexin normand. La modicité de ce secours, les événemens déplorables qui signalèrent ces époques de crimes, de deuil et de sang, la peste enfin, semblèrent de concert s'opposer à l'achèvement de cette entreprise. Peut-être pourrions-nous citer encore une raison un peu postérieure et bien différente, mais non moins puissante : le découragement et l'humeur assez fondés des moines qui, depuis le fameux concordat de Léon X et de François Ier, voyaient avec dépit les deux tiers de leurs revenus passer dans les mains des commendataires, hommes du siècle, qui souvent les honoraient de la plus profonde indifférence, quand ils ne les accablaient pas de ruineuses procédures[1]. Aussi, à dater de cette époque, sauf quelques notables exceptions, soit pénurie, soit refroidis-

[1] Il est certain que les religieux véritablement attachés à leurs institutions primitives, regardèrent toujours les commendataires comme des espèces d'intrus, et ne virent jamais de bon œil la révolution que le concordat avait

sement de zèle, s'occupa-t-on beaucoup plus, au fond des cloîtres, des commodités de la vie et d'un vain luxe même, que de ce qui pouvait ajouter à la magnificence, à la majesté des lieux saints.

opérée dans le régime monastique. Près de deux siècles encore après cet événement, le P. Bréard, historien de Saint-Wandrille, exprimait à cet égard sans la moindre réserve son chagrin, ses regrets et ses espérances. En parlant, dans ses *Vies des Hommes illustres de Fontenelle*, de Jacques Hommet, dernier abbé régulier de ce monastère, « son corps fut enterré, dit-il, devant l'autel » matutinal de la grande église, et avec lui la dignité » abbatiale de Fontenelle, dignité qui ne subsiste plus » que de nom, *le véritable pasteur de cette abbaye ne* » *portant que le titre de prieur, tandis que les commen-* » *dataires et œconomes s'arrogent les vénérables noms* » *d'abbés.*

» Louons nostre bon Dieu, poursuit le zélé religieux, » parmi ces désordres, et portons courageusement les » iniquités ou plus-tost les fruits des péchés de nos pères. » Peut-estre que ce débonnaire seigneur ne sera pas tou- » jours fasché, et qu'il se servira, pour remettre les ab- » bayes en règle, de ceux-là mesme dont il a usé pour » en donner l'administration aux laïqs et séculiers. Ainsi » soit-il. »

GRANDE ÉGLISE ABBATIALE.

L A grande église de Saint-Wandrille étant restée incomplète, il en résultait, dans ses dimensions, un étrange contraste avec celles des autres grands monumens religieux, puisque le chœur, à le prendre du fond de la chapelle du Saint-Esprit, située au centre du chevet, au milieu de la croisée, présentait moitié plus de longueur que la nef; j'entends la partie close et voûtée de cette dernière portion de l'édifice. Elle ne se composait en effet que de trois travées, fermées à l'ouest par une chétive porte abritée, comme dans

Plans et détails de l'abbaye de St. Wandrille.

les églises rurales les plus vulgaires, par un simple porche ouvert et en charpente.

La partie extérieure et imparfaite comportait quatre autres travées qui s'élevaient, sans voûtes et sans toits, jusqu'à une assez grande hauteur, et, selon les apparences, sans que rien ait jamais, à leur extrémité occidentale, annoncé les premiers travaux d'un portail accompagné de tours (*voy*. pl. II, fig. VIII). Ce que je viens de dire m'engage d'autant plus à quelques réflexions sur la collection de vues des abbayes bénédictines de France, recueillies par D. Michel Germain, mort à quarante-neuf ans, en 1694, que la vue générale de Saint-Wandrille, comprise dans cet ouvrage, offre l'église abbatiale avec sa nef complète et terminée par un beau portail flanqué de deux magnifiques tours gothiques.

Tel était sans doute le projet inexécuté, puisque cette basilique était représentée de la même manière dant un grand dessin original conservé dans Saint-Wandrille, et qui servit probablement de type aux artistes de D. Michel Germain. Toutefois la vérité n'en est pas moins blessée dans cette gravure, d'après laquelle on ne doit s'en rapporter aux autres qu'avec circonspection, quant à leur complète exactitude.

Il faut l'avouer cependant : si cet ouvrage ne présente pas toujours les monumens tels qu'ils ont existé, il est comme certain du moins qu'il les offre, d'après de sûrs garans, tels qu'on les avait projetés ; et sous ce rapport seul cette collection, que ne possède pas la Bibliothèque royale, serait infiniment précieuse, quand même elle ne serait pas excessivement rare. On assure, en effet, qu'on n'en connaît aujourd'hui que deux exemplaires, dont l'un fait partie de la riche bibliothèque de mon honorable confrère M. le marquis Le Ver. Ce magnifique volume, dans lequel ne se trouve aucune abbaye de femmes, contient cent quarante-deux plans de maisons bénédictines, formant deux cent quatre-vingt-quatre feuillets grand in-folio.

Vue générale des ruines de l'église abb.le de St. Wandrille,
prise du fond de l'abside.

Parmi les vingt-deux monastères normands qui s'y trouvent représentés, Saint-Ouen de Rouen occupe pour sa part sept gravures, dont six se retrouvent dans l'histoire de cette abbaye par le P. Pommeraye. Les six planches de cuivre qui servirent pour les deux ouvrages, existent aujourd'hui dans les mains de M. Deschamps, curé de Saint-Ouen de Rouen, et sont encore en état de service. Au surplus, il parait que tout le reste est perdu. Cette collection, dont on n'a jamais publié le texte, prouve à quel point on a perfectionné depuis, surtout de nos jours, l'art de dessiner et de graver les monumens [1]. D. Alexis Bréard, en tête d'une

[1] Une école célèbre donnait cependant à l'Europe depuis près de deux cents ans, c'est-à-dire long-temps même avant Péternef, de grandes leçons dans le genre gothique. Mais il n'était réservé qu'à notre siècle de voir éclore en France les belles productions des Bouton, des Daguerre, etc., etc., et en Angleterre celles des F. Mackenzie, des Blore, des Wild et des Pugin. Quelle extension immense, en effet, a pris cette branche de l'art dans la Grande-Bretagne, depuis les publications informes du

lettre latine adressée à D. Michel Germain, en 1682, appelle ce religieux, résidant alors à Saint-Germain-des-Prés, *cusor et compilator Monastici Gallicani*, titre qui comprend évidemment celui que devait porter l'ouvrage dont nous venons de parler [1].

Malgré l'usage établi depuis le treizième siècle de sculpter, sur les murs et les clefs de voûtes dessinateur et graveur Daniel King, et celles même de Wenceslas Hollar, de Terrasson, de Muller et de tant d'autres, qui vivaient presque de nos jours, jusqu'aux habiles artistes que j'ai cités plus haut, et dont les dessins sont si admirablement traduits par le burin, je dirai presque le pinceau délicat et brillant de Jean et Henri Le Keux !

[1] Les planches qui composent le recueil du *Monasticon Gallicanum*, sont presque toutes d'un dessin lâche et vague dans les détails, et d'un burin sec et dur. Elles portent de vingt à vingt-un pouces sur seize à dix-sept de dimension. Des différens noms d'artistes dont elles sont revêtues, le moins obscur est celui de Guillaume Château. Toutes ces vues sont prises en perspective *cavalière* ou à vol d'oiseau.

Mon savant ami, M. Auguste Le Prévost, des Sociétés royales des Antiquaires de Paris et de Londres, a donné,

des édifices, les armoiries ou les devises des personnages clercs ou laïques, qui les faisaient

dans les *Archives de la Normandie* publiées par M. L. Dubois, pour l'an 1824, une notice sur cet ouvrage. Cet antiquaire l'a parfaitement jugé sous le rapport de l'art, et déplore la perte des matériaux qui le composaient, et qu'il suppose avec beaucoup de vraisemblance avoir péri dans l'incendie de la bibliothèque de Saint-Germain-des-Prés. « Nous croyons, dit-il, devoir donner la liste des
» planches représentant des monumens de notre pro-
» vince (la Normandie), pour mettre à portée de les
» consulter ceux de nos concitoyens qui s'occuperaient
» particulièrement de ce genre de recherches, et pour
» les signaler à l'attention des personnes qui rencontre-
» raient le recueil complet ou quelques-unes de ses par-
» ties *. » C'est dans la même vue que nous reproduisons cette liste, dont les titres sont, ainsi que l'a fait M. Le Prévost, textuellement copiés sur les gravures.

N. 5. *Abbatia S. Michaelis de ulteriori portu.* — Saint-Michel du Tréport.
N. 34. *Abbatia Beatæ Mariæ de Lonlayo in desertis.* — Notre-Dame de Lonlay.
N. 35. *Monasterii S. Vigoris Bajocensis scenographia.* — Saint-Vigor de Bayeux.

* On trouve effectivement quelquefois des estampes isolées de cet ouvrage. (*Remarque de l'auteur.*)

construire ou réparer, je n'ai trouvé dans Fontenelle que fort peu d'objets de ce genre, dont deux seulement occupent encore leur emplacement primitif. Le premier, situé au-dessus d'une des portes qui communiquent de l'église au cloître (*voy*. pl. II, fig. VIII, n. 6), se compose d'un écu sans indices de couleurs

N. 36. *Regalis abbatiæ S. Stephani Cadomensis sceno-graphia*, 1684. — Saint-Etienne de Caen.

N. 38. *Abbatiæ S. Martini Sagiensis topographia.* — Saint-Martin de Sèes.

N. 3g. *Regalis abbatiæ S. Wandregisili iconographia.*— Saint-Wandrille.

N. 40. *Regalis abbatiæ B. M. de Bernayo scenogra-phia*, 1687. — Notre-Dame de Bernay.

N. 41. *Regalis abbatiæ Gemmeticensis topographia*, 1678. — Jumiéges.

N. 44. *Abbatiæ S. Petri de Conchis topographia.*— Saint-Pierre de Conches.

N. 46. *Prioratús B. M. de Bello Monte in Algiá topo-graphia*, 1675. — Notre-Dame de Beaumont-en-Auge.

N. 47. *Abbatiæ B. M. S. Petri super Divam scenogra-phia.*— Notre-Dame de Saint-Pierre-sur-Dive.

N. 48. *Abbatiæ B. M. de Ybreio scenographia*, 1687. — Notre-Dame d'Yvry.

ou d'émaux, comme cela se pratiquait en sculpture dans les temps les plus reculés de l'art héraldique; cet écu, surmonté d'une crosse, est à la bande chargée de trois co—

N. 49. *Regalis abbatiæ S. Taurini Ebroycensis topographia,* 1680. — Saint-Taurin d'Evreux.

N. 50. *Abbatiæ B. M. de Lyrá topographia,* 1678. — Notre-Dame de Lyre.

N. 51. *Abbatiæ S. Georgii prope Rothomagum topographia,* 1683. — Saint-Georges de Boscherville.

N. 52. *Regalis abbatiæ S. Ebrulfi iconographia.*—Saint-Evrould.

N. 53. *Abbatiæ S. Petri Pratellensis topographia,* 1683. — Saint-Pierre-de-Préaux.

N. 54. *Regalis abbatiæ SS. Trinitatis Fiscamnensis topographia,* 1687. — La Très-Sainte Trinité de Fécamp.

N. 55. — *Prioratús B. M. de Bono Nuntio Rothom. topographia,* 1683. — Notre-Dame de Bonne-Nouvelle.

N. 56. *Celebris abbatiæ Beccencis delineatio,* 1677. — Le Bec.

N. 57. *Mons S. Michaelis.* Le Mont Saint-Michel.

N. 58. *Regalis abbatiæ S. Audoeni Rothomagensis scenographia.* — Saint-Ouen de Rouen.

(Les titres en français n'existent pas sur les planches.)

quilles ou vannets, armoiries communes, sauf
la variété des couleurs, à plusieurs familles
de Bretagne, de Picardie, etc. Le deuxième
écusson, placé dans un des angles de la chapelle de Saint-Pierre, offre un monogramme
crucifère accompagné de deux coquilles.

Quoique le chœur où se trouve ce dernier ait
été construit par l'abbé Geoffroy de Noitot,
et la partie du cloître où se voit l'autre par
Guillaume de la Douillie, je n'en suis pas moins
tenté de les considérer tous deux comme sculptés après coup, et de les attribuer au dernier
abbé régulier, Jacques Hommet, mort au com-

mencement du seizième siècle. Je ne m'arrête à ces remarques, qui peut-être paraîtront
peu importantes à quelques lecteurs, que pour
rappeler qu'il est bon de se tenir en garde
contre les inductions qu'on croit pouvoir tirer,
en faveur des dates des monumens, d'indices
semblables, qui souvent ne sont que des su-
perfétations plus ou moins postérieures à la
construction générale.

CHUTE DE LA TOUR DE PIERRE,

EN 1631.

L'AN 1631 devait, à son déclin, laisser dans Saint-Wandrille des souvenirs bien douloureux, par un événement dont la gravité subvertit non-seulement les formes physiques, mais encore celles des premières institutions de ce monastère. La nuit du 20 au 21 décembre, par un temps très-tranquille, la tour, supportée par les quatre gros piliers qui séparent le chœur de la nef, s'écroula subitement, parce qu'on avait négligé d'y faire quelques réparations. Cette tour, bâtie en 1331, était un des plus beaux ouvrages qu'on vît en ce genre. Sur une base en pierre, dont la hauteur égalait les plus hautes montagnes environnant cette abbaye, s'élevait une pyramide ou flèche d'un ouvrage singulier. Les lames de plomb, artistement découpées, dont elle était revêtue de toutes parts, en augmentaient le poids, en même temps qu'elles lui servaient d'ornement [1]. Quelles ruines ne devait pas causer la chute d'une tour si pesante et si exhaussée ! Aussi le dommage fut-il immense. La plus grande partie du chœur fut renversée, la nef entièrement détruite, le croisillon méridional accablé, les sous-ailes abattues, la chapelle de la Vierge ruinée, les chaises du chœur, par-

---

[1] Ce revêtement en plomb indique évidemment que la pyramide qui surmontait cette tour était alors en charpente. Cependant le *Gallia Christiana* nous donne une autre idée de sa construction primitive. *Turrim lapideam extruxit,* y est-il dit en parlant de l'abbé de la Douillie, *montibus vicinis adæquatam cum* ACUMINE LAPIDEO *circumpositæ plagæ imminentem.* Au reste, je n'ai trouvé aucun indice des changemens que cette tour a pu subir depuis l'époque de sa construction jusqu'à celle de sa chute.

faitement belles, brisées en morceaux et ensevelies sous les débris de la tour et des voûtes,
aussi bien que les calices, les ornemens et les
cloches. Les choses restèrent long-temps dans
cet état, et cet affreux spectacle devenait chaque
jour d'autant plus affligeant pour les moines,
qu'ils se voyaient sans moyens pour relever cet
énorme amas de ruines. Ferdinand de Neu-
ville, abbé de Saint-Wandrille depuis 1622,
sentant vivement de son côté la dépense dans
laquelle il allait s'engager, s'il était obligé de
concourir aux frais immenses de la restauration de la basilique, ne se montra pas moins
zélé que ses moines à solliciter l'introduction
de la congrégation de Saint-Maur dans Saint-
Wandrille. Ce dessein ayant réussi, les ré-
formés vinrent, en 1636, se mettre en possession du spirituel et du temporel de l'abbaye, dans laquelle ils eurent la gloire, non-
seulement de réparer les désastres précédens,
mais encore de construire d'autres édifices
aussi vastes et somptueux.

Le chapitre général, célébré à Vendôme en 1639, ayant élu, pour prieur de Saint-Wandrille, D. Philibert Cotelle, celui-ci, tout en s'occupant de l'ornement du monastère, fit sa principale occupation de la réparation de la grande église. Le reste du chœur tombait en ruine ; les murs qui soutenaient la voûte, succombant sous le poids de la couverture de plomb, étaient poussés en dehors, et les arcs-boutans mêmes *reculés en arrière*. La pesanteur excessive d'un tel fardeau, qui ne pouvait plus être soutenu depuis la chute de la plus grande partie de l'église, avait fait entr'ouvrir les voûtes, dont les clefs ne joignaient plus ; en un mot, tout annonçait une ruine prochaine et si complète, qu'en voyant l'édifice achever de se détruire d'un côté, pendant qu'on le réparait de l'autre, on se crut au moment d'être forcé de rebâtir de fond en comble une église nouvelle. Tel était encore l'état des lieux, au dire des experts, en 1641. Effrayé d'une semblable entreprise, le prieur Philibert

Cotelle crut, ainsi que ses religieux, qu'on devait se borner à réparer le chœur. A cet effet, il réclama du général de l'ordre, D. Grégoire Tarisse, la permission d'abattre toute la nef et le croisillon méridional de l'église, en réservant seulement celui qui est tourné vers le nord. D. Tarisse, craignant que son refus ne fît traîner les choses en longueur, accorda tout ce qui lui fut demandé. On se disposa donc à démolir la croisée et les voûtes de la nef. Mais avant toutes choses, on jugea à propos de creuser les fondemens de la tour projetée, qu'on voulait élever au lieu même du croisillon méridional. Dans ce travail, on découvrit sept sépulcres blancs contigus et parfaitement semblables les uns aux autres, mais dont on négligea de transmettre à la postérité les indices qui auraient pu les faire connaître. Les fondemens, creusés très-profondément, furent aussitôt remplis des magnifiques pierres qu'on commençait à détacher avec force du haut de la nef.

Pendant ce premier travail, dont la suite et l'accomplissement eussent complètement dénaturé la première ordonnance. de l'église de Saint−Wandrille, D. Harel, prieur de Jumiéges, s'arracha, pour quelques momens, de sa retraite, afin de s'assurer, par ses propres yeux, de la vérité des faits qu'on lui rapportait au sujet de cet édifice. Il ne put, à son arrivée, s'empêcher de gémir et d'être extrêmement surpris de l'étrange résolution qu'on avait prise, et plus encore de ce que le général l'eût approuvée. Il lui écrivit fortement à cet égard; et D. Tarisse, mieux informé, s'empressa de se rétracter et d'écrire aux religieux, *qu'il ne devait plus étre désormais question de démolir, mais uniquement de bátir,* ordre qui fut depuis ponctuellement exécuté.

Quand on a vu le vaisseau de l'église de Saint−Wandrille, tel qu'il était depuis cette importante et dernière restauration, on n'est pas étonné qu'à peine il ait été rétabli après plus de vingt ans, quoiqu'on n'en laissât pas-

ser aucun sans y employer des sommes consi-
dérables.

D. Aichadre Picard fut le premier prieur,
depuis la réforme, qui y rétablit la célébration
du service divin, interrompu pendant près de
quinze ans. Ce fut lui qui, du chapitre où le
Saint-Sacrement avait reposé depuis l'introduction de la réforme, le reporta solennelle-
ment, le 21 juillet 1647, dans la grande
église, où l'on recommença dès-lors à faire
l'office divin, tant de jour que de nuit.

La restauration de ce monument était cependant loin d'être complète, puisqu'en 1649
encore, D. Bede Peru en conduisait les travaux. En 1678, il y restait même tant de
choses à faire, que ce fut, selon D. Bréard,
une des considérations qui déterminèrent la
promotion au priorat de Saint-Wandrille de
D. Marc Rivard, que l'on regardait comme
fort habile dans l'architecture et dans la conduite des bâtimens, comme un homme enfin
très-capable de remédier à quantité de fautes

dans lesquelles on était tombé pour avoir pris confiance en des faiseurs de devis *qui savaient même à peine dessigner.*

En 1679, D. Rivard donna beaucoup de soins aux travaux de la basilique, soit pour la préserver de quelques dangereux accidens dont elle pouvait être menacée, soit pour le complet achèvement de ses décorations. Ce fut alors que plusieurs cloches, qui étaient demeurées suspendues sur les voûtes de l'église, furent élevées avec les quatre que renfermait déjà le nouveau dôme depuis 1661. Mais avant de le charger de ce fardeau, il fallut faire de grandes réparations à la charpente, qui portait à faux, et la fortifier de plusieurs grosses pièces de bois, qui la mirent en état de recevoir, sans péril, toute la sonnerie de Saint-Wandrille. En même temps l'on perça le clocher à jour, et on lui donna une forme de couronne qui ne servit pas moins à l'embellir qu'à étendre le son des cloches. Ce fut enfin sous l'administration de D. Rivard que les vitrages furent renouvelés en très-grande partie, et que l'on commença à entourer le chœur de belles grilles, entreprises quelques années auparavant, mais qui ne furent cependant complètement terminées qu'en 1686, sous D. Gabriel Dudan. Le pavage des chapelles n'était antérieur que de fort peu de temps aux travaux dont nous venons de parler.

On voit, par les titres manuscrits provenant de Saint-Wandrille, que les réparations de l'église, suites du terrible désastre de 1631, se prolongèrent près d'un siècle, si l'on veut comprendre, dans cette longue suite d'opérations, celles que fit entreprendre, dans le dix-huitième siècle même, la pieuse ambition de renchérir sur la magnificence de ce temple. En 1727, en effet, on s'occupait encore à démasquer les chapelles circulaires, en supprimant l'immense contre-retable du sanctuaire, et l'on décorait le fond de l'abside en y plaçant deux grands vitrages de verres peints. Nous remarquerons à ce propos que cette église ayant été à demi-détruite, presque reconstruite à neuf, ou du moins entièrement remaniée, ses anciennes verrières avaient dû souffrir de terribles avaries. Il y a donc lieu de croire que ses vitrages, à l'époque de la révolution, se composaient principalement de verres blancs, entourés de bordures de couleur : telles sont encore en partie les fenêtres des lieux réguliers. Les encadremens de ces dernières, peints en apprêt, en 1688, offrent des arabesques, dont l'excellence est rehaussée par l'éclat des plus admirables couleurs.

En admettant que le portail représenté dans les plans du père M. Germain eût occupé l'extrémité de la partie de la nef restée imparfaite, et que cette nef eût été terminée, l'église de Saint-Wandrille eût présenté, dans son extérieur, une longueur totale d'environ deux cent cinquante — deux pieds. Mais ce monument n'ayant été clos et voûté qu'à la troisième travée inclusivement de cette même nef, il n'en résultait qu'une longueur de cent quatre-vingt-douze pieds, depuis l'entrée occidentale jusqu'au fond de la chapelle du Saint-Esprit, placée au centre et au fond du rond-point. La nef avait cinquante-cinq pieds de large, y compris les collatéraux; la croisée, quatre-vingt-dix-sept pieds du nord au sud; le chœur, cent huit pieds de long, depuis les gros piliers de la lanterne jusqu'au fond de la chapelle du centre; et, dans sa partie la plus ancienne et la plus régulière, soixante-douze de large, du mur d'une aile à celui de l'autre. N'ayant pas voulu souffrir qu'on prît des mesures d'élévation, dans la crainte des éboulemens qu'il est aisé de prévoir, je ne puis que m'en rapporter à une estimation approximative, mais au moins très-probable, d'après laquelle je crois pouvoir donner à l'ancienne élévation de ce monument de soixante à soixante-dix pieds sous clefs de voûte. Le pourtour du chœur se composait, à partir de la lanterne, de dix-sept arcades ogives, reposant sur des

colonnes ou piliers monostyles, dont les chapitaux, relevés de couleurs, avaient été, dans
le dix-septième siècle, chargés d'une tête de
chérubin d'assez mauvais goût (*voy.* p. 24,
pl. II, fig. VI). L'entrée de ce chœur était
décorée d'un jubé, surmonté de statues, et
placé sous la grande arche de la croisée
du côté de l'est. Il avait été commencé en
1670, et terminé en 1672 par Emmanuel
Boynet, architecte habile, originaire de
Loudun, auquel on doit la construction
de la plupart des vastes bâtimens qui sub-
sistent encore aujourd'hui. Au lieu de la
haute lanterne qui portait le beau clocher
construit dans le quatorzième siècle, le centre
de la croisée était couronné par une coupole
dans le goût antique; elle reposait immédia-
tement sur les quatre grands arcs centraux, et
chacun de ses pendantifs était occupé par un
bas-relief, offrant un évangéliste dans un
cartouche formé de fruitages et de fleurs
(*voy.* pl. III). Au-dessus de cette coupole,

une tour en charpente, revêtue de plomb [1], renfermait la sonnerie ; elle offrait, à l'extérieur, la forme d'un dôme oblong ou d'un calice renversé (*voy*. pl. I, p. 1re), et le coq qui la surmontait ne s'élevait, dit-on, qu'à la hauteur du seuil de la chapelle de Saint-Saturnin, située sur le côteau voisin qui regarde le sud. Après ce que nous avons dit de

[1] La couvertue du chœur, des chapelles qui l'environnent et du cloître, était également en plomb. Deux ou trois ans avant la révolution, les religieux firent enlever ce métal en lui substituant de l'ardoise, et tirèrent de sa vente environ trente ou quarante mille francs. Vers la même époque, les religieux de Jumiéges firent la même spéculation, mais avec moins de bonheur : ils dépouillèrent leur église et plusieurs autres de leurs édifices de la plus grande partie de leurs plombs, dont ils traitèrent sur le pied de cinquante mille francs au moins, avec un individu qui disparut, dit-on, nanti de ces matériaux, mais en oubliant de payer les bons bénédictins. Ce désappointement rappelle celui que leur fit éprouver dans le seizième siècle leur abbé Gabriel Le Veneur, en les faisant consentir à la démolition de leur admirable et prodigieuse pyramide, par des promesses captieuses dont il éluda l'exécution.

la tour écroulée en 1631 , on voit combien ,
depuis cette catastrophe , la partie culminante
de Saint-Wandrille avait perdu de son élévation.

Cette église offrait, dans ses détails, de
choquantes variétés de style qui résultaient
des travaux qu'on y avait exécutés depuis le
treizième siècle, jusqu'au commencement du
dix-huitième ; et malgré les soins et l'habileté
qui présidèrent à sa grande et dernière restauration, il est encore aisé de remarquer que,
soit impossibilité, soit négligence, on ne se
piqua pas scrupuleusement de mettre les parties nouvelles en accord avec les anciennes.

Les chapiteaux de ce temple présentaient
peu de variété ; nous en avons gravé quelques-
uns des plus remarquables (*voy*. pl. II,
pag. 24).

Le n. *IV.* appartenait aux piliers de la lanterne.

Le n. *V* à ceux des chapelles circulaires du
chœur ;

Et le n. *VI* aux piliers monostyles qui l'entouraient.

En apportant tous nos soins au plan de cette basilique (*voy.* pl. *II*, fig. *VIII*), nous avons attaché d'autant plus d'importance à le réunir à ceux des autres édifices de style gothique, encore existant à Fontenelle, que leur disposition respective fait juger d'un coup-d'œil la justesse d'une remarque intéressante de l'abbé Fleury.

« Je m'imagine, dit ce savant écrivain dans
» son ouvrage intitulé *les Mœurs des pre-*
» *miers Chrétiens* (pag. 276, édit. de 1777),
» trouver encore, dans les monastères, des
» vestiges de la disposition des maisons anti-
» ques romaines, telles qu'elles sont décrites
» dans Vitruve et dans Palladio. L'église,
» que l'on trouve toujours la première, afin
» que l'entrée en soit libre aux séculiers,
» semble tenir lieu de cette première salle
» que les Romains appelaient *atrium.* De-là
» on passait dans une cour environnée de ga-

» leries couvertes, à qui l'on donnait d'ordi-
» naire le nom grec de *péristile;* et c'est jus-
» tement le cloître où l'on entre de l'église,
» et d'où l'on entre dans les autres pièces,
» comme le chapitre qui est l'*exhèdre* des
» anciens, le réfectoire, qui est le *triclinium,*
» et le jardin est ordinairement derrière tout
» le reste, comme il était aux maisons anti-
» ques. »

Au plan partiel dont nous venons de parler, nous en avons, sur la même planche,
joint, sous le n. *VII,* un général de l'état de
Saint-Wandrille, vers la fin du dix-septième
siècle. Ce dernier, malgré la petitesse de ses
dimensions, est plus propre encore à faire va-
loir la comparaison de l'illustre auteur de
l'*Histoire Ecclésiastique;* nous l'avons établi
d'après la vue perspective incluse dans le
Monasticon Gallicanum de D. Michel Germain, dont le point de vue est tellement élevé
qu'il laisse distinguer l'assiette de tous les bâtimens. L'église de Caillouville est le seul que

l'exiguité du cadre n'a pu admettre, non plus que l'extrémité orientale de l'enclos, qui se trouvait fort voisine de ce monument.

Renvois explicatifs du plan n. VIII, pl. II, p. 24.

Chapelles.

A. De Saint-Laurent.

B. Des Saints Sébastien, Roch et Adrien.

C. De Sainte-Geneviève.

D. De Saint-Wulfran.

E. De Saint-Éloi.

F. Des Douze-Apôtres.

G. De Saint-Pierre.

H. Du Saint-Esprit.

I. De Saint-Nicolas.

K. Des Trois-Vierges. (On y remarquait leurs trois statues.)

L. De Saint-Martin.

M. De Sainte-Anne.

N. Du Saint-Sépulcre.

O. De Notre-Dame de Fontenelle. (Elle occupait l'espace de deux travées, et ne se trouvait pas, comme dans presque toutes les églises, située au centre de l'abside.)

P. De Saint-Benoît.

Monumens divers.

Q. Tombe en cuivre de l'abbé Jean de Rochois. (Les habitans du village de Saint-Wandrille regardaient par erreur cette tombe, comme celle du saint fondateur.)

R. Mausolée de l'abbé Guillaume de Norville.

S. Mausolée de l'abbé Guillaume de la Doublie.

T. Mausolée de l'abbé Geoffroy de Noitot.

U. Jubé.

V. Escalier du Jubé.

X. Porte du dix-septième siècle donnant dans le dortoir.

Y. Sacristie.

Z. Porte donnant dans les enclos.

&. Tourelle conduisant aux cloches.

1. Porte donnant dans le cimetière.

4*

2. Grilles de fer entourant le chœur et partageant la croisée du nord au sud.

3. Entrée du cloître, répondant à la porte gothique décrite p. 99 (*voy*. le frontispice.)

4. Grande statue de la Vierge, décrite p. 102 (*voy*. pl. IX).

5. Tombe de Jean Bailli de Fontenelle.

6. Porte du cloître, au bas de laquelle est enterré le sacristain Gruchi.

7, 8, 9. Portes de formes vulgaires, donnant dans les appartemens du dortoir.

10. Lavabo (*voy* pl. VI, p. 93).

11. Porte gothique du réfectoire (*voy*. pl. X, p. 109).

12. Porte de la cuisine.

13. Porte du réfectoire, donnant dans les cours.

14. Porche d'entrée de l'église.

15. Grille de fer.

16. Corridor.

17. Cuisine.

18. Anciens ateliers des tailleurs ou coutu-

riers, et autres ouvriers attachés au monastère.

19. Partie non voûtée de l'église.

20. Partie du dortoir.

21. Cloître (*voy*. pl. IV et V).

22. Réfectoire.

23. Porte conduisant au dortoir.

Renvois explicatifs du plan n. VII, pl. II [1].

A. Eglise de Saint-Paul.

B. B. Église Abbatiale ou de Saint-Pierre.

C. Église ou chapelle de Saint-Pancrace.

D. Chapelle de Saint-Saturnin.

E. E. Retraite des solitaires.

F. Greniers.

G. Ateliers des ouvriers et chambres des domestiques.

---

[1] On ne doit pas oublier, dans l'examen de ce second plan, que la vue d'après laquelle il a été exactement dressé offre la grande église complète dans toutes les parties, quoique la nef n'ait jamais été terminée, comme nous l'avons dit plus haut.

H. Pressoir et écuries.

I. I. Cour.

K. Principale porte de l'abbaye.

L. Office.

M. Logement des hôtes.

N. N. Infirmerie.

O. O. Dortoir.

P. Cloître.

Q. Réfectoire.

R. Fontaine ou jet d'eau.

S. Cour intérieure de l'abbaye.

T. T. Ruisseau duquel l'abbaye prit son ancien nom.

U. U. Jardins.

V. V. Logis abbatial.

X. X. Enclos du logis abbatial.

Y. Vivier.

Z. Bois taillis.

&. Chemin public.

TOMBEAUX.

L ne reste aujourd'hui, dans la grande église de Fontenelle, aucunes traces de ses anciens tombeaux. Il en existait trois dans le chœur, qui renfermaient les restes de trois abbés, et c'étaient les seuls, dans cette partie du moins, qui s'élevassent au-dessus de terre (*voy*. pl. II, fig. *VIII*, p. 24) en forme de mausolées ; ils étaient placés çà et là entre les colonnes qui soutenaient les arceaux et la voûte de l'église.

Du côté de l'épître était celui de Geoffroy de Noitot, mort en 1288 : il était supporté par quatre lions.

Du côté de l'évangile se voyaient ceux de Guillaume de Norville, mort en 1303 , et de Guillaume la Doublie, mort en 1341. Ces trois monumens, ornés des statues des défunts, passaient pour être fort beaux, et n'ont été détruits que dans la révolution. Je n'en ai retrouvé d'autres vestiges que quelques lions du sépulcre de Geoffroy de Noitot, qu'on a transportés dans le voisinage de la chapelle de Saint-Saturnin.

Le milieu du chœur était remarquable par la tombe d'airain , admirablement ciselée , du cinquante-sixième abbé, Jean de Rochois, mort en 1412. Ce fut sur cette tombe même que Gabriel de Montgommery, à la tête d'un parti de calvinistes, fit brûler, en 1564, les magnifiques ornemens de l'église.

Jean de Bourbon , cinquante-neuvième abbé, avait autrefois sa tombe près de l'autel matutinal, ainsi que le dernier abbé régulier, le vénérable Jacques Hommet ; celles des abbés Jean de Brametot et Jean Mallet étaient situées dans l'ancienne chapelle de la Vierge, la première dans le haut (*in cervice*), et la seconde (*in tibiis*) dans le bas de l'édifice.

Dans le courant du dix-septième siècle, la plupart de ces tombeaux avaient été renversés avec beaucoup d'autres, et les inscriptions tumulaires brisées ou ensevelies dans des reconstructions. Dès-lors on ne connaissait plus même le lieu de la sépulture du moine Théodoric, fils de notre dernier roi mérovingien ; et ce fut vers le même temps que celles de la noble et pieuse Herlève, des comtes d'Evreux et de plusieurs abbés révérés comme des saints, furent, en quelque sorte, profanées et détruites par des dignitaires mêmes de l'abbaye. Il n'en résulta néanmoins d'autres avantages réels que quelques exhumations curieuses dont ces mêmes officiers ne firent encore que fort peu de cas.

ANCIEN DORTOIR

ET VIEUX CHAPITRE.

J E ne puis passer sous silence quelques extraits de la relation de ces événemens insérée dans l'*Histoire* (mss.) *de Saint-Wandrille, depuis la réforme*. Ces détails se rattachent d'ailleurs à la destruction de deux édifices les plus importans de ce monastère, après la basilique, et qui, sans contredit, présentaient un bien plus haut degré d'intérêt sous le rapport de l'archéologie. C'étaient l'ancien dortoir et le vieux chapitre. Le premier était construit par Herlève, femme de Robert de Normandie, archevêque de Rouen, qui depuis y fut inhumée [1]. Il avait trente-cinq pieds de haut sur cent vingt de large. Au-dessous de ce monument régnait, également édifiée par Herlève, la première partie du chapitre, qui n'avait que douze pieds d'élévation ; mais celle qui l'excédait en portait trente de hauteur et autant en longueur et en largeur. Cette deuxième partie, ouvrage de Maynard, vingt-sixième abbé et restaurateur de Fontenelle dans le dixième siècle, était éclairée par quatre

[1] Herlève, *aliàs* Hélène. Malgré les titres de *fœmina potens, illustris, pia*, etc., qui lui furent conférés par ses contemporains et ceux qui en avaient reçu des bienfaits, des écrivains moins complaisans n'ont pas balancé à faire remplir à cette noble dame, auprès de Robert, un rôle moins respectable que celui d'épouse. Quoi qu'il en soit, il naquit de cette union, dont l'archevêque fit sur ses vieux jours une pénitence exemplaire, trois fils, Richard, Raoul ou Radulphe, et Guillaume, qui succéda au comté d'Evreux que son père avait eu en partage.

grandes croisées, deux à l'orient et deux au septentrion ; mais il est présumable que ces grandes croisées avaient été percées à une époque postérieure à l'érection de cet édifice, ou qu'on avait considérablement agrandi les anciennes, dont les baies devaient être, selon le style du temps, d'une très-médiocre dimension. Malgré la singularité de sa disposition, ce double chapitre, pris dans son ensemble, était regardé comme un chef-d'œuvre de l'architecture de ces temps reculés. Cependant, malgré tout ce qui devait le rendre respectable, D. Laurent Hunault, prieur, entreprit et consomma sa perte, ainsi que celle du vieux dortoir, en 1671. Il paraît que ce moine, doué d'un zèle actif, mais souvent mal entendu, était un de ces hommes qui ne balancent pas à réaliser leurs aveugles conceptions, aux dépens de ce que les siècles passés nous ont transmis de plus admirable. Son insensibilité fit, au rapport de l'auteur qui me fournit ces détails, verser bien des larmes à l'estimable D. Alexis Bréard, l'infatigable historien de cette abbaye , et à tous ceux qui pensaient comme lui. L'obstiné prieur n'en poursuivit pas moins son entreprise.

ANCIENS TOMBEAUX.

ÉJA les ouvriers étaient près de défoncer le chapitre et de le démolir jusqu'aux fondemens, lorsqu'en creusant la terre à son entrée, on rencontra quatre sépulcres de pierre, dont toutes les parties étaient si bien unies et si entières, qu'on aurait cru que l'ouvrier venait d'y mettre la dernière main. Quand on les eut ouverts, on trouva dans tous, sans exception, des bottines d'un cuir si excellent qu'on pouvait encore s'en servir. On remarqua de plus, dans le premier, une baguette de coudrier, de la longueur du tombeau. La chevelure blonde de la tête du troisieme corps, s'était aussi conservée sans altération. Mais le quatrième sépulcre renfermait ce qu'il y avait de plus remarquable et de plus intéressant pour l'histoire : je veux dire une épitaphe en vers gravée sur une lame de plomb. Il est certainement fâcheux que cette inscription n'ait pas été entièrement déchiffrée. La voici telle que les PP. Bonnefont et Bréard nous l'ont laissée dans leurs écrits. Comme ils ne s'accordent pas entre eux dans la manière de la lire, nous renvoyons dans les notes les variantes du dernier.

> Hic inhumatus [1] jacet Willelmus [2] nomine.....
> Nobilium de stirpe parentum nascitur esse
> Ricardi ducis Malgerius unde refulsit :
> Ad cujus lævam requiescit filius ejus
> Nomine Rodolphus, major natu fuit inquam II.
> Hic III. jdus junii obiit, et uxor ejus Arectrix....
> Quæ juxta eum quiescit Malgero [3]
> . . . .
> . . . . . . iis succedentibus sibi tribus

[1] Breardus legit *inhumata*.
[2] *Willelmus* deest apud Breardum.
[3] Apud Breardum sic habetur : *M...oro*.....

In laicali [1] (minor natu Fontanella......
Est consecratus divino) numini monachili [2] habitu.

Telle est l'épitaphe qu'on découvrit dans le quatrième monument. Voici maintenant les conjectures de D. Alexis Bréard. Selon lui, Mauger comte d'Évreux, fils de Richard II comte de la même ville, de la nation des Normands, choisit sa sépulture, en 1118, à l'entrée du chapitre de Fontenelle, auprès de son père; et dans la suite Raoul, ou Rodulphe, fils de Mauger, et sa femme Arectrix, furent aussi inhumés au même lieu. Cela supposé, D. Bréard soupçonne qu'il y a une méprise dans le *Neustria pia* du P. Artus du Moutier, qui aura confondu Mauger avec Guillaume, lorsqu'il prétend que ce comte d'Évreux fut enterré à Saint-Wandrille, dans le tombeau de Richard son père, en 1118. Le P. Mabillon néanmoins, dans ses *Annales*, à l'année 1108,

---

[1] Quæ includuntur uncinis, desunt apud Breardum.
[2] Breard. *monachali*.

dit que le comte Guillaume fut inhumé à Fontenelle, auprès de son père. S'il faut lire avec D. Bonnefont *híc inhumatus jacet Willelmus*, la difficulté sera levée, mais non pas à l'avantage du P. Bréard.

Ce dernier auteur va néanmoins encore plus loin : il croit que Richard, Mauger et Rodulphe sont trois comtes d'Évreux qui se sont succédés les uns aux autres ; que les quatre tombeaux défoncés sont ceux de ces trois comtes, et d'Arectrix, épouse de Rodulphe ; qu'ainsi ceux qui ont dressé les divers catalogues des comtes d'Évreux, ont eu grand tort d'en exclure ce dernier. Au reste, on ne peut que louer la modestie de notre auteur, qui s'est contenté de nous donner toutes ces observations historiques pour de fortes conjectures sans vouloir les ériger en faits certains.

Quant à D. Benoît Bonnefont, il est plus hardi et plus décisif ; il dit nettement que la lame de plomb fit connaître aux religieux

de Saint-Wandrille « que Richard, comte
» d'Évreux, avec sa femme et ses deux enfans,
» avaient été ensevelis audit lieu en l'année
» 1118. » Mais dans son troisième volume des
Vies des Saints de Fontenelle, page 156, il
rapporte un autre sentiment, suivant lequel
« le Richard dont il est parlé dans l'épi-
» taphe était comte d'Évreux, auquel suc-
» céda son fils, appelé Guillaume ; tous deux
» furent ensevelis à Saint-Wandrille avec la
» femme du second et un de leurs enfans,
» qui avait été revêtu de l'habit de la sainte
» religion, et était décédé dans ce monas-
» tère. »

Peut-être qu'en examinant de plus près l'é-
pitaphe en elle-même, et en la comparant à
l'histoire du temps, on eût pu dire quelque
chose de plus net et de plus exact que ces auteurs.

Les ouvriers, continuant à creuser la terre,
rencontrèrent, proche d'un gros pilier qui
soutenait le devant du chapitre, un cercueil

d'une seule pierre. On ne douta point que ce ne fût celui de Girard II, trente-cinquième abbé de Fontenelle, qui, en 1126, avait été enterré précisément en ce lieu-là, comme on l'apprend par un ancien catalogue anonyme des abbés de ce monastère. La tête de cet abbé était si entière, qu'il ne lui était pas tombé une seule dent. Il avait une crosse de bois fort légère, et qui était très-bien conservée : sa grosseur était de trois pouces et sa longueur de cinq pieds.

Au côté gauche de l'abbé Girard, parut, bientôt après, un autre tombeau de pierre : c'était celui de Gerbert ou Girbert-le-Teutonique, trente-troisième abbé de Fontenelle, compté parmi les saints, et que Guillaume-le-Conquérant ne fit point difficulté de mettre en parallèle avec saint Anselme et le bienheureux Lanfranc. On ne trouva dans son sépulcre qu'un bâton noir, un peu plat, et une lame de plomb, avec ces paroles : In nomine Domini hic jacet Gerbertus natione Teutonicus.

D. Bonnefont semble supposer que ce n'était qu'une partie de l'épitaphe, et qu'on n'avait pu lire le reste. Il avance même, comme un fait certain, que ce saint abbé n'avait point de crosse, quoique D. Bréard n'en convienne point.

Enfin, les ouvriers pénétrèrent dans le chapitre même. Après en avoir déplacé le cercueil d'un religieux ancien, mort depuis l'introduction de la réforme, ils rencontrèrent cinq sépulcres sur une même ligne. Quand on eut fait l'ouverture du premier, on fut surpris de voir, au lieu d'ossemens, un habit de la même forme que ceux des bénédictins de la congrégation de Saint-Maur, quoique d'une étoffe plus grossière, et d'une couleur tirant sur le minime. On aperçut aussi une ceinture de cuir avec une boucle de fer. Le capuchon avait été abaissé sur le visage et le couvrait tout-à-fait. Mais lorsqu'on voulut le relever, les habits et la ceinture s'en allèrent presque entièrement en poussière.

On ne doute point que ce ne fût le sépulcre
de Roger, trente-huitième abbé de Fontenelle, mort en 1165. Quoiqu'en exhaussant le
chapitre de quelques pieds, un an avant l'introduction de la réforme, on eût négligé, au
rapport de D. Bréard, de relever les briques sur
lesquelles était son épitaphe, en quoi l'on fut
plus attentif à l'égard des quatre autres abbés
dont les sépulcres, aussi bien que celui de
Roger, étaient devant la chaise du supérieur ;
on ne profita pas néanmoins de cette attention
dans le défoncement du chapitre : tous les
pavés furent confondus et jetés pêle-mêle,
sans nulle précaution ; en sorte qu'on fut
obligé de recourir à d'autres moyens pour
avoir connaissance de ces cinq abbés. Du
reste, l'admiration redoubla à l'ouverture
des quatre autres tombeaux. Tous ces abbés,
sans en excepter le premier, avaient des bottines qui leur montaient jusqu'au-dessus des
genoux. Trois avaient des crosses parmi lesquelles il s'en trouva une garnie de clous do-

rés et de quantité de fausses pierres pré-
cieuses de diverses couleurs. Un serpent
replié en formait le sommet, et une pomme
d'or en terminait le bout [1]. Ces corps, ou plutôt ces ossemens, étaient revêtus de chasubles

[1] L'auteur de la relation qui m'a fourni ces détails en-
tendait sans doute par ce *bout terminé par une pomme
d'or*, la partie inférieure de la volute ou *crosseron,* qui
s'adapte sur la tige ou bâton de la crosse. Les crosses
formées par des serpens enroulés furent long-temps extrêmement communes, et il y a lieu de croire qu'on at-
tachait un sens symbolique à la figure de ces reptiles,
dont le mouvement naturellement turbiné imite parfaitement d'ailleurs celui du *Lituus* antique.

On introduisait fréquemment aussi dans les ornemens
accessoires de cet attribut pontifical, d'autres animaux
et surtout des monstres fictifs dont la forme rappelait
celle qu'on prêtait à ces dragons terribles, si communs
dans les légendes des saints et si fameux dans l'histoire
de plusieurs villes, tels que la *Gargouille* de Rouen, la
Tarasque de Tarrascon, le *Graouilli* de Metz, la *Chair-
Sallée* de Troyes, etc.

Au reste, quels que soient les noms bizarres que nos
pères ont imposés à ces êtres fantastiques, il n'est aucun
d'eux dans lequel on ne doive reconnaître sous le voile
de l'allégorie le prince des ténèbres, l'ennemi de l'Eglise

semblables à celles dont on se servait dans le douzième siècle. Il y en avait deux parmi elles qui jetaient beaucoup d'éclat. Mais outre des bracelets de drap d'or très—artistement travaillés, la chasuble et l'étole du troisième surpassaient tous les autres ornemens par leur prix et la vivacité de leurs couleurs. D. Bonnefont , qui avait eu les bracelets quelque temps

enfin , mais l'ennemi vaincu; de-là probablement vint le fréquent usage de représenter , dans les enroulemens des crosses , saint Michel terrassant le Dragon infernal. J'en vais citer quelques exemples. M. Achille Deville , amateur distingué des arts qu'il cultive avec goût , a bien voulu m'en confier une en ce genre, de forme fort élégante, pour en prendre le dessin : elle provient du tombeau d'un ancien abbé du monastère de Glanfeuil (*Glandifolium*), près Angers, et paraît remonter au treizième ou au douzième siècle. La volute, garnie d'une crête de cuivre doré qui parcourt son contour extérieur, se termine par une tête de reptile , hormis laquelle tout le reste est orné d'une espèce d'*opus reticulatum* figurant des écailles et incrusté d'une pâte bleue. Dans ce crosseron, un saint Michel en cuivre , plaqué d'or moulu , frappe un lézard bipède du même métal , décoré sur chaque flanc d'un rang de turquoises. La tête de l'ar-

entre les mains, les fit remettre dans le trésor de Saint-Wandrille.

Nous avons déjà remarqué que Roger était le premier des cinq abbés; le deuxième était Anfroy, ou Anfrède, trente-neuvième abbé; le troisième, Geoffroy Ier ou Gaufride, quarante et unième abbé : c'est celui qui portait des ornemens si magnifiques; le quatrième

change et celles des deux monstres sont enrichies par des yeux de jais extrêmement brillans. La douille de cette crosse est également couverte d'une pâte bleue égayée d'ornemens courans en or moulu, représentant des fleurs dont les pétales offrent des incrustations de couleurs variées. Ce ne fut point sans surprise que je remarquai dans le précieux cabinet de mon excellent ami, M. le chevalier Alexandre Le Noir, plusieurs crosses tellement semblables à celle que je viens de décrire, que sans les traces de calcination qu'y a laissées l'incendie de Saint-Germain-des-Prés, d'où elles proviennent, on pourrait, en les considérant isolément, prendre chacune d'elles pour la crosse de l'abbé de Glanfeuil.

L'utile et magnifique ouvrage de mon laborieux camarade, M. N.-X. Willemin, publié sous le titre de *Monumens français inédits*, renferme les gravures de plusieurs crosses antiques de la plus haute curiosité.

était Pierre Mauviel, quarante-septième abbé ;
et le cinquième, Geoffroy III, surnommé Savary, cinquante-quatrième abbé de ce monastère. Les cinq abbés furent, avec Girard II,
transférés dans l'église principale et enterrés
au pied du grand autel.

Après avoir défoncé le chapitre et l'avoir
creusé deux pieds plus bas que les fondemens
de l'église, les travailleurs se mirent en devoir
d'en enlever les terres. Dans cette action, ils
sentirent un nouveau sépulcre, que D. Bonnefont prend pour celui de saint Anségise, dix-
neuvième abbé de Fontenelle, au milieu du
neuvième siècle. Vis-à-vis celui-ci, on trouva
un autre sépulcre de pierre, trois pieds au-
dessous de la place où l'on avait découvert
les tombeaux que l'on avait jugé pouvoir ren-
fermer les comtes d'Évreux. D'abord, on n'y
aperçut que des ossemens d'une blancheur
extraordinaire. On y trouva aussi néanmoins
une lame de plomb si rouillée, que personne
ne pouvait la lire. Elle fut portée au P. prieur,

qui négligea quelques jours d'en faire détacher la rouille. Enfin on y lut cette inscription :

HÌC REQUIESCIT ABBAS GERARDUS IV.

KAL. DECEMBRIS

AB INJUSTO INJUSTE INTERFECTUS [1].

On reconnut alors que cet abbé n'était autre chose que le saint Gérard, martyr, dont on célébrait la fête à Saint-Wandrille le 9 novembre, et que Gerbert-le-Teutonique était le saint Girbert ou Gilbert dont on chômait aussi la fête le 4 septembre. Il n'était plus temps néanmoins de recueillir précieusement ces reliques, ni même de les distinguer. D. Pierre Lastelle, dépositaire de l'abbaye, choqué du concours de peuple que la dévotion attirait dans ces lieux depuis la découverte de ces tombeaux, et pour plusieurs

---

[1] Saint Gérard fut tué d'un coup de hache, pendant son sommeil, par un moine indigné de ses remontrances.

autres raisons, avait malicieusement mêlé les ossemens de ces deux saints avec ceux d'un ancien religieux et des comtes d'Évreux. Il n'avait pas plus favorablement traité le corps qu'on présumait être celui de saint Anségise.

Tous ces débris humains furent inhumés pêle-mêle, et confondus derrière le grand autel de l'église abbatiale, au milieu des plaintes amères des religieux.

On ne sera point surpris de la découverte de ces divers étages de sépultures dans l'ancien chapitre, s'il est constant, comme le prétend D. Bréard, que cet édifice subsistait au même lieu que les précédens, et que son aire avait été exhaussée deux ou trois fois.

Dans l'année 1671, qui précéda celle de cet événement, en réparant les fondemens des murs de l'église, du côté du midi, qui dépérissaient par l'humidité, on avait trouvé des fondemens fort épais que l'on regarda comme les restes de l'ancienne église de Saint-Servais, construite par saint Wandon, douzième abbé de ce monastère. L'on y découvrit aussi beaucoup de corps placés par étage, et dont quelques-uns étaient renfermés dans des cercueils de pierres maçonnées. Tous ces ossemens furent remis plus haut, presque contre la muraille dont on voulait prévenir la ruine.

La démolition du chapitre excita le mécontentement de plusieurs supérieurs et de beaucoup de religieux de la province. Ce fut sans doute à cette occasion que le chapitre général de 1678 défendit de détruire les tombeaux et autres semblables monumens sans la permission du révérend père général. On croit aussi que ce fut par suite de la même entreprise que D. L. Hunault fut éloigné de Saint-Wandrille, en 1678. Il fut alors élevé au rang de visiteur de Bretagne, et mourut dans cette province en 1697, prieur de Saint-Nicolas-d'Angely.

PEINTURES.

L'ÉGLISE abbatiale de Saint-Wandrille avait, à diverses époques, été couverte de peintures dont on avait cru décorer l'intérieur de cet édifice. Les chapiteaux mêmes furent, en grande partie, chargés, comme ceux de Jumiéges, de couleurs et d'ornemens faits au pinceau qui paraissent avoir été renouvelés dans la dernière reconstruction. Un sujet pieux exécuté vers le quatorzième siècle sur le mur de la chapelle de Saint-Laurent, dans le croisillon septentrional, est une des plus anciennes peintures que j'aie remarquées dans ces

vastes ruines (*voy.* pl. II, fig. I, p. 24).
Il représente le martyre de saint Etienne, dont
Fontenelle révérait et possédait depuis long-
temps les reliques. En effet, dans l'année 1036,
sous l'abbatiat de Gradulphe, Gérard Flaitel,
chevalier normand, avait fait don à ce monastère d'un doigt du proto-martyr, qu'il avait
obtenu de la générosité du duc de Normandie
Robert-le-Magnifique, à Nicée de Bythinie.
Ce doigt opéra de grands miracles dans Fontenelle. Cette fresque, divisée par un meneau,
n'est (tant le rouge y domine) qu'une espèce
de camayeu dont les figures s'enlèvent sur
un fond d'ocre jaune. La première partie
montre le saint tombant sur les genoux sous
les coups de pierre que lui lance un bourreau
vêtu d'habits mi-partis. La deuxième offre
un lapidateur équipé comme le premier, et
derrière celui-ci, une plus petite figure à
laquelle le peintre a voulu, sans le pouvoir,
donner un caractère d'adolescence, est assise
sur un vêtement du saint, déployé sur un siége

élevé : c'est le jeune Saül. Il étend la main gauche comme pour exciter les exécuteurs, et l'autre élève un objet oblong, qui, malgré sa roideur et l'insignifiance absolue de sa forme, est un véritable phylactère, moyen si généralement adopté à cette époque pour prêter un discours aux figures inanimées, qu'elles étaient censées parler, quand même il n'y avait rien de tracé sur ces espèces d'écriteaux. Or celui que tient le futur apôtre des nations est l'approbation de la mort d'Etienne : car *Saulus erat consciens neci ejus.* (Act. VII, 59.)

On doit, au reste, regarder cette peinture, malgré la grossière inhabileté de son auteur, comme admirablement conforme aux moindres détails de la scène qu'elle représente. Ces figures ont environ vingt pouces de haut.

Un grand nombre d'autres sujets peints vers la même époque, mais avec moins de barbarie et plus de luxe de couleurs, offraient encore dans l'intérieur de l'église beaucoup de sujets et d'événemens relatifs à l'histoire de Fontenelle. Un de ces derniers, entre autres, représentait l'abbé Teutsind recevant des mains d'un architecte un plan sur lequel on reconnaissait aisément l'église de Saint-Michel dans son état actuel. L'artiste commettait en cela un des anachronismes si communs de son temps, puisque Teutsind, neuvième abbé de Fontenelle, érigea l'ancienne église de Saint-Michel vers 735, et que celle qui se voit aujourd'hui ne fut construite que dans le onzième siècle. Ce petit monument qui subsiste à cinquante pas de l'église abbatiale, n'est certainement pas indigne de l'attention d'un archéologue. Dans le grand ouvrage intitulé : *Voyage romantique et pittoresque de l'ancienne France,* on en trouve une vue intérieure qui répond à l'admirable talent du baron Athalin qui l'a lithographiée.

De tous les dignitaires qui exercèrent quelque autorité dans Saint-Wandrille, le prieur D. Guillaume Lavieille, auquel l'abbaye dut mille obligations en tout genre, fut un de ceux

qui montrèrent le plus de goût pour les couleurs et pour les peintures édifiantes. « Ce fut
» lui, dit, dans ses *Hommes illustres de cette
» maison*, Alexis Bréard, dont je rapporte
» les propres expressions, qui fit peindre (au
» commencement du seizième siècle) les
» saints qui se uoient encore de présent autour
» du chœur de Fontenelle, reuestus d'aubes,
» de chasubles et de mitres, s'ils sont euesques;
» d'aubes, de chappes et de mitres, la croce
» en main, s'ils sont abbés; et seulement
» d'aubes et de chappes, s'ils sont simples re—
» ligieux. » Ces saints, à la tête desquels se
trouvait avec cette raison saint Wandrille,
étaient au nombre de trente—six. Ayant en
partie disparu par la chute de la tour, en 1631,
ils furent, avec d'autres, restaurés ou remplacés par les soins du prieur D. Vincent
Humery en 1669, quelques années après la
réparation du chœur.

J'ai recueilli avec le dessin de la mort de
saint Étienne, dont j'ai parlé plus haut, celui

d'une peinture beaucoup mieux exécutée qui s'aperçoit encore sur les murs de la chapelle de Saint-Sébastien, située du côté du nord. Ce sujet, qui paraît appartenir à la fin du seizième, ou au commencement du dix-septième siècle, rappelle les fréquentes licences que, dans des temps plus reculés, les artistes se permettaient dans les temples (*voy.* pl. II, fig. *II*, p. 24). C'est le martyre d'une jeune sainte attachée à un arbre et entièrement dépouillée de ses vêtemens : elle souffre avec résignation les tortures que lui font endurer deux bourreaux armés de lampes ardentes suspendues à des branches de fer. On ne pourrait sans frémir et sans blesser la pudeur, décrire l'horrible manière dont un des satellites remplit son cruel emploi. Le supplice des lampes ardentes se rencontre assez fréquemment dans les martyrologes.

Dans son second Essai sur le département de la Seine-Inférieure publié en 1795, M. Noël de la Morinière, déjà cité dans cet ouvrage,

décrit le déplorable état où Saint-Wandrille
se trouvait dès-lors. « Plusieurs morceaux de
» la main de Sacquépée, dit-il en parlant de
» la grande église, analogues à la fondation du
» monastère, n'ont pas eu un meilleur sort. »
Il est très-probable qu'il s'agit ici de morceaux exécutés à fresque et totalement dis-
parus, puisque je n'ai rien trouvé qui rap-
pelât le style de Sacquépée, habile peintre
normand, né au commencement du dix-septième siècle, ni rien qui approchât de sa manière.

Une partie des voûtes de l'église était bi-
garrée d'ornemens exécutés au pinceau. Celles
de la chapelle où se voit le martyr de saint
Étienne, dont nous avons parlé plus haut,
offrent encore une décoration en ce genre que
nous nous abstiendrons de décrire, l'ayant
gravée dans cet ouvrage (*voy*. pl. II, fig. *III*,
p. 24). Elle est, comme la fresque précitée,
peinte en vermillon fort grossier sur un fond
d'ocre jaune.

6*

LE CLOITRE.

LE cloître de Saint-Wandrille est, à n'en
pas douter, un des plus magnifiques monumens de ce genre qui soit échappé au vanda-
lisme des derniers temps [1]. Au moyen de deux
portes situées aux deux extrémités de la nef,
on descend, par quelques degrés, dans cette
belle et pittoresque galerie, dont le sol est à
six pieds environ au-dessous de celui de la
basilique. Une sépulture vouée à l'exécration

---

[1] **M.** Bouton en a sûrement jugé de même, lorsqu'il a
puisé dans cet édifice un nouveau sujet de Diorama.

Galerie septent.le du cloître de St Wandrille.

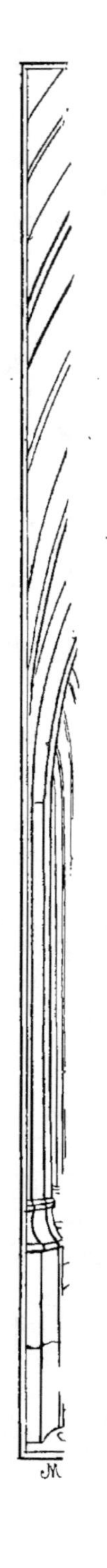

et placée au bas d'une de ces entrées, rappelait aux moines de Fontenelle de mortifians et
fâcheux souvenirs. En voici le motif tel que le
rapportent les historiens de cette abbaye.

A son dernier retour de la Frise, saint
Wulfran avait donné à l'abbaye de Fontenelle
une croix, un calice en or et sa patène. Ces
précieux objets, sauvés en 1566 des déprédations des hérétiques, ne purent échapper en
1571 aux mains criminelles de l'infâme de
Gruchy (*Gruchæus*), sacristain de Fontenelle.
Nourri dans le mépris de l'observance régulière et dans la dépravation que les guerres
intestines du royaume avaient introduite, il
ne put résister au coupable désir de fournir un
aliment à ses passions. Il fit, à cet effet, société
avec d'autres fripons qui reconnaissaient pour
chef un nommé Frenage ou Fournage (*Fre-
nagium*), laïc, bâtard et rebut de la société.
Secondé par de tels hommes, il força, pendant
la nuit, les serrures de Fontenelle, et enleva
les manuscrits les plus anciens et les plus pré-

cieux de la bibliothèque, qui était fort riche
(une partie passa dans la suite dans les mains
des savans André Duchesne et Emeric Bigot),
et ne respecta pas davantage la croix, l'évangile (pour l'évangiliaire ou évangélistaire [1])
et le calice dont saint Wulfran avait fait don à
l'abbaye. Frenage expia par son sang son audace sacrilége : il fut pendu et réduit en lam-
beaux. De Gruchy seul ne ressentit point les
effets de la vengeance des hommes; mais il fut,
après sa mort, tellement poursuivi par la vengeance céleste, que lorsqu'on l'eut inhumé
dans le cloître, en face de la porte par laquelle
on entre dans le bas de la nef de l'église [2], il
naissait tous les jours sur sa tombe une si

---

[1] On appelait ainsi le livre des Évangiles. Ces volumes
étaient souvent reliés avec le plus grand luxe ; leurs cou-
vertures enrichies de dyptiques et de pierreries ; le texte
écrit fréquemment en lettres d'or ou d'argent sur un vélin
ordinairement teint en pourpre, quelquefois en vert ou
de toute autre couleur.

[2] Cette porte était celle par laquelle il avait introduit
ses complices et s'était enfui avec eux.

E. Hyacinthe Langlois du Pont-de-l'Arche del. et Sc.

Vue du Cloître de St Wandrille prise de l'angle N.d O.

grande quantité de crapauds, que les soins continuels des moines purent à peine les faire disparaître.

Ce cloître renferme une autre tombe où reposent les mânes d'un homme qui laissa dans Fontenelle une mémoire bien différente de celle du malheureux de Gruchy : elle est située presque aux pieds de la statue de la Vierge. C'est une pierre plate gravée en creux et longue de huit pieds quatre pouces et demi. Sa largeur est, du côté du chef, de trois pieds trois pouces et demi, et de trois pieds à l'extrémité opposée. C'est le sépulcre de Jean, premier bailli de Fontenelle, mort vers la fin du treizième siècle. La tête du défunt représenté les mains jointes et dans l'habit de l'ordre, est surmontée d'un pignon gothique accompagné de deux anges portant d'une main l'encensoir, et de l'autre *l'acetabulum* ou navette. Deux autres anges, beaucoup plus petits, tendent, chacun de leur côté, les mains sur une épaule du religieux, comme pour l'aider à monter au ciel. Cette tombe paraît occuper son premier lieu. Mais la gravure en est tellement effacée, que la figure ne se voit plus à peine. Il en est de même du listel sur lequel est inscrite, en fort belles onciales, l'épitaphe à laquelle manquent des mots tout entiers. Je rapporte néanmoins ici la transcription que j'en ai prise, quoique le sens ne s'y trouve pas toujours complet :

(Tête.)

ANNO : MILLENO : CENTUM : BIS : OCTUAGENO :

(Premier côté sur la longueur.)

GEMMA : MONACHORUM : MIGRAVIT : ET : ARCHA : BONORU' :

I : (*pour* Joannes *ou* primus) FONTANELLE : BALLIVUS : VIR : SINE :

P..:.. (F *ou* P, *peut-être* peccato) CLEMENS :

PECCATORIBUS : CASTUS :

(Côté des pieds.)

FIDELIS : HONESTUS :..... (Grande lacune.)

(Deuxième côté sur la longueur.)

...E : MODESTUS : FLET : FONTANELLA : NUDA :

JACET : PA...E : CELLA : IN : CELICA : PATRIA : DETUR : ET : GLORIA : AM:

Cette sépulture, la seule dans Saint-Wandrille qui présente aujourd'hui quelque intérêt, est brisée en trois fragmens : celui du milieu paraît profondément enfoncé. Le propriétaire [1] me disait, en le frappant du pied, qu'il avait toujours soupçonné qu'il existait un vide sous cette pierre, mais sans vouloir s'en assurer, s'étant toujours imposé la loi de ne jamais violer le dernier asile de ceux qui dorment en paix dans son domaine. Je ne pus m'empêcher d'applaudir à la résolution religieuse de ce vénérable nonagénaire, un tel sentiment étant, en effet, plus respectable encore que l'amour de la science, qui dérive bien plus des idées acquises que des inspirations du cœur.

[1] M. Cyprien Lenoir, père, ancien négociant, natif d'Yvetot, auquel nous ne pouvons assez témoigner notre gratitude pour l'hospitalité patriarchale qu'il a exercée envers nous pendant notre séjour à Saint-Wandrille.

TOMBEAUX ANONYMES.

On voit encore dans le cloître plusieurs autres pierres sépulcrales de dix-huit pouces à deux pieds, et deux pieds et demi de dimension en tout sens. Les ornemens les plus remarquables de ces humbles monumens sont une petite croix grecque et une simple larme. On ne jugeait point à propos d'y disputer au temps des noms qu'il devait dévorer un jour, les noms de ceux qui, déjà morts pour le siè-cle, avaient franchi la limite de leur existence.

On y inscrivait seulement en latin le quantième, le mois et l'année de leur passage à l'éternité.

Parmi ces dates, postérieures toutes à l'introduction de la réforme, il n'en est point qui descende au-dessous du milieu du siècle dernier.

Au milieu de ces lugubres témoignages du néant de la vie dont la muette et rigoureuse éloquence rappelle si laconiquement à l'homme son inévitable et dernier tribut, une inscription tracée au-dessus d'une porte, fait luire dans la pensée un rayon de plaisir en retra-

çant de plus gracieux souvenirs ; elle est ainsi
conçue :

SON ALTESSE ROYALE MADAME,

DUCHESSE DE BERRY,

A PARCOURU CES LIEUX

LE 27 JUILLET 1824.

Cette excellente princesse a non-seulement,
en effet, parcouru les ruines de Saint - Wandrille, mais encore celles de Jumiéges et de plusieurs autres monumens du même genre. Admis
à l'honneur de l'accompagner dans la visite de
quelques édifices également remarquables, j'ai
moi-même été témoin du vif intérêt que lui
inspirent pour nos antiquités son amour et son
goût éclairé pour les arts.

Le cloître, construit à diverses époques, est,
comme je l'ai dit plus haut, un des plus beaux
qu'il soit possible de voir. La galerie regardant
le nord, qui règne le long de la nef de l'église,
fut élevée par l'abbé Guillaume la Douillie,
mort en 1342. Elle n'est percée que de cinq

Lavabo ou Fontaine
à l'entrée du réfect. de St Wandrille

arcades; mais les trois autres ailes, qui sont d'une architecture beaucoup plus élégante, en ont toutes une de plus. La majeure partie de ces dernières est due au prieur Guillaume Lavieille, mort en 1531, ainsi qu'une portion de l'aile qui fait face au midi. Mais on doit très-probablement accorder au vénérable Jacques Hommet, dernier abbé régulier, mort en 1522, l'honneur d'avoir fait construire l'admirable *lavabo* en pierre contigu à la porte du réfectoire (*voy.* pl. VI). Cette fontaine, chef-d'œuvre de l'aurore de la renaissance des arts, n'est pas moins élégante dans son ensemble que dans ses arabesques exquis, compris sous le cintre surbaissé qui couronne la totalité de cette charmante composition. Ces sculptures délicates sont divisées en six panneaux, dont chacun offrait un écusson armorié occupant le centre de l'ogive. Quelque soin qu'on ait pris d'en gratter les blasons, il est encore aisé de reconnaître dans l'un de ces écus les armes de Charles VIII ou de Louis XII, écartelées de France et de Bretagne. La base de cette riche décoration se compose d'un bassin oblong formant une espèce d'auge dans laquelle six robinets versaient jadis une eau pure et limpide. Cette eau circule encore de toutes parts dans les édifices de Fontenelle, par des canaux renfermés dans les murs, précieuse ressource que les religieux durent également à la paternelle sollicitude de Jacques Hommet. Dans l'intérieur du réfectoire, un bassin semblable, mais sans ornemens, est pratiqué dans l'épaisseur de la muraille et correspond à celui dont nous venons de parler.

Les membrures supérieures du cintre aplati de cette belle fontaine, sont, suivant l'usage, ornées de larges touffes de chardon, s'élèvent en se courbant vers le centre commun, et se joignent en ne formant qu'une seule pyramide. Le tympan compris dans cette espèce de fronton renferme un sujet dont la bizarrerie donnerait lieu de prêter au sculpteur des intentions malicieuses, s'il était raisonnable de

Mdlle Espérance Langlois Del et Sc.

Couronnement du Lavabo du Cloître de St. Wandrille.

supposer dans les moines assez d'inattention ou d'inintelligence pour ne pas s'en être aperçus (*voy*. pl. VII). Ce sujet offre le buste d'un homme dont on ne voit que le visage et les bras, le reste est couvert de grands feuillages en forme de lambrequins qui tous se rattachent à la coiffure du personnage, dont la figure est excessivement triviale, et cette coiffure en es-pèce de capuchon ou de *carapoue*, est ornée de deux oreilles d'âne des plus évidentes. Sa main droite tient un instrument dont la som-mité, à demi-brisée, offre la forme d'une es-pèce de maillet, et la gauche soutient un grand gobelet à boire, orné de cannelures. Mes ré-flexions ne m'ont point encore mis, je l'avoue, à la portée de préciser le rôle que joue cette énigmatique sculpture à l'entrée d'un lieu où devaient présider la décence et la sobriété.

Cependant ce symbole de l'intempérance et de la folie renferme indubitablement un sens grave : n'était-il point ici pour rappeler aux bénédictins, au moment du repas, la leçon que leur patriarche leur donne dans sa règle au chapitre *de mensurá potus*, en les invitant à se contenter d'une légère portion de vin : *Quia, inquit, vinum apostatare facit etiam sapientes?* Peut-être le passage suivant de l'Écriture offrirait-il encore un rapport plus intime avec ce bas-relief :

Luxuriosa res vinum, et tumultuosa ebrietas : quicumque his delectatur, non erit sapiens. (Prov. XX. 3. 1.)

Nous trouvons dans le bas-relief l'ivrognerie évidemment caractérisée par le grand gobelet, la folie, par l'accoutrement grotesque du personnage, qui certainement est dans le costume obligé, et dans l'instrument tenu dans la main droite, qui ressemble beaucoup plus à celui dont je vais parler qu'à toute autre chose, on reconnaîtra peut-être jusqu'à l'expression *tumultuosa ebrietas*, en se rappelant que, selon Mézeray, le surnom de Hutin fut donné à Louis X, dans son enfance, parce qu'il était querelleur et bruyant, par allusion à un petit maillet dont se servent les tonneliers, et qu'ils nomment *hutinet* parce qu'il fait beaucoup de bruit [1].

[1] On ne peut, malgré les services réels que les bénédictins rendirent à l'Église et aux lettres dont ils nous conservèrent les antiques et précieux monumens, se dissimuler qu'ils eurent quelquefois, ainsi que beaucoup d'autres ordres religieux, le plus pressant besoin d'être rappelés à l'esprit de la règle ; et pour en fournir au moins une preuve, puisque nous sommes sur l'article d'un réfectoire, nous citerons un fait qui se rattache à cette importante partie d'une maison claustrale.

C'était en croyant user d'une grande condescendance envers ses enfans, que saint Benoît leur avait permis deux sortes de mets cuits et un peu de vin. (*Reg. S. Bened.* , cap. XXXV et XL.) Cependant, vers le milieu du douzième siècle, la table d'un grand nombre de monastères était devenue d'une abondance et d'une somptuosité d'autant plus choquantes, que celles des rois de France et d'Angleterre offraient précisément alors une frugalité qui révolterait aujourd'hui beaucoup de minces particuliers. Le prieur et les moines de Saint-Swithin *, de la ville

* En vieux saxon, Saint-Swithum. Ce personnage était évêque de Winchester, et mourut, selon Alban Butler, en 862 ; d'autres le nomment Swintun ; et l'auteur des *Lettres historiques sur les Parlemens*, qui raconte aussi l'anecdote ci-dessus, le désigne, probablement par erreur, sous le nom de Wintzun.

(*Remarque de lord E. Arundell de Wardour.*)

A l'extrémité orientale de l'aile du cloître, qui fait face au nord, on rencontre une jolie porte ogive par laquelle on accédait dans l'in-

de Winchester, vinrent un jour se jeter aux pieds du roi Henri II, implorant sa protection contre la dureté de leur évêque, qui était aussi leur abbé. Ils fondaient en larmes et montraient une douleur amère, tant la conduite du prélat leur paraissait affreuse, intolérable.... De quoi s'agissait-il donc, et quelle fut la surprise de Henri, en apprenant que les lamentations des bons Pères tenaient à ce qu'on venait de les réduire à dix mets au lieu de treize, dont leur table était journellement chargée ! Les pauvres moines s'adressaient mal pour de semblables doléances : « Et moi, dans mon palais, je me » contente de trois, leur répondit le monarque ; malheur » à votre évêque, si des dix que vous avez encore, il » vous en laisse plus que n'en a votre roi. — *Et ego,* » inquit rex, *in curiá meá tribus contentus sum. Pereat* » *episcopus vester, nisi ad hunc numerum ferculorum* » *meorum redigat fercula vestra.* » (Brussel, *Anglia sacra.*) Il est à remarquer qu'Henri était cependant le prince le plus riche, et, pour parler comme alors, le plus grand *terrier* de la chrétienté. Louis-le-Jeune, son contemporain, se contentait aussi du même ordinaire, et comme Henri Ier, son aïeul, ne connaissait point de plus précieux breuvage que le vin d'Orléans, qu'il appelait *meum vinum optimum aurelianense.*

térieur de l'église (*voy.* le frontispice) ; elle est du plus pur et du plus excellent gothique, tant dans son ensemble que dans ses détails. Six figures, revêtues d'habits pontificaux, en enrichissent le cintre. Elles représentaient probablement des saints abbés de Fontenelle, ainsi que deux autres que l'on voit à genoux dans le tympan qui couronne la base de cette porte.

Au milieu de ces deux derniers, le Père-Éternel et Jésus – Christ, assis l'un près de l'autre sur le même banc, élèvent simultanément la main, comme pour soutenir un objet quelconque (qui s'est trouvé brisé avec les têtes des figures), et qu'un ange, placé à la pointe de l'ogive, paraissait recevoir en avançant les bras. La partie supérieure de ce bas-relief est encore occupée par deux autres esprits célestes, dont l'un joue du psaltérion [1].

---

[1] *Psaltérion, Saltérion, Saltère*, etc.; instrument à cordes de forme triangulaire ; il en existait, je pense, de plusieurs espèces : les uns se pinçaient comme la harpe,

Auprès de cette porte se voit adossée contre le mur, et faisant face au couchant, une
grande statue de la Vierge, dans le goût du
quinzième siècle; une couronne en tête, elle

les autres se touchaient avec des espèces de plectres. Ils
eurent la plus grande vogue autrefois ; quoique fort sonores, comme on en obtenait des effets harmonieux et
suaves, on les employait particulièrement à accompagner la voix.

L'usage de représenter des anges chantant ou jouant
des instrumens, est d'une haute antiquité, et ne tire point
sa source de l'imagination des peintres et des sculpteurs
à laquelle on attribue sans réflexion et comme par habitude, tout ce qui présente dans leurs productions quelque
singularité. Je puis au moins, quant au point dont il
s'agit, invoquer en faveur de mon assertion le témoignage
d'un des plus illustres Pères de l'Église latine. Le saint
évêque d'Hypone, parlant des jouissances célestes, dit :

*Quæ cantica ! quæ organa ! quæ cantilenæ ! quæ me-
lodiæ ibi sine fine decantantur ! Sonant ibi melliflua
hymnorum organa, suavissima Angelorum melodia,
cantica canticorum mira, quæ ad laudem et gloriam
tuam à supernis civibus decantantur.* AUGUST., Ma-
nual., cap. VI, num. 2.

« Peut-être n'ignorez-vous pas, m'écrivait un de mes
» amis, amateur passionné de nos antiquités, M. André
» Pottier, que la porte du cloître de Saint-Wandrille, que

supporte l'Enfant-Jésus [1], et de l'autre relève le manteau bleu dont elle est couverte par-dessus sa robe rouge, maintenue dans une ceinture dorée à longs pendans. Cette robe, sui-

» vous avez gravée pour votre frontispice, a une ressem-
» blance frappante avec la *porte rouge* de la cathé-
» drale de Paris, située du côté du nord. Un seul cordon
» de figures sculptées dans les voussoirs ; même nombre
» et même disposition des cordons ou *chapelets* de fleu-
» rons, qui cependant à Paris sont de feuilles et de fleurs
» de rosier, etc. Et ce qui est encore bien remar-
» quable, même ordonnance du bas-relief, composé,
» comme à Saint-Vandrille, de deux personnes à genoux
» et de deux autres assises ; excepté qu'il n'existe à Paris,
» dans le tympan, qu'un seul ange couronnant Jésus-
» Christ et la Vierge, et que les figures à genoux rem-
» plaçant les deux abbés de Fontenelle, sont Jean-Sans-
» Peur et Marguerite de Bavière son épouse. M. Gilbert,
» qui décrit cette dernière porte, en fait remonter la
» construction à l'époque comprise entre 1404 et 1419. »
On peut, d'après ces observations, regarder comme à peu près certain qu'une de ces deux portes n'est qu'une réminiscence très-prononcée de l'autre, si même elle n'en est pas la copie.

[1] Il est revêtu d'une *jacquette*, suivant l'usage des peintres et des statuaires gothiques qui, soit par le sentiment de leur peu de connaissance en anatomie, soit

vant le luxe du temps, est diaprée de larges fleurons [d'or [1]. Cette figure est debout, sous un dais gothique surmonté de plusieurs pyramides (*voy*. la vignette). C'est à quatre à

par des convenances particulières, évitaient autant que possible de représenter le nu. Il était fort rare qu'ils figurassent le crucifix autrement qu'à demi-voilé d'une draperie qui lui descendait, en s'arrondissant vers le bas, de la ceinture aux genoux.

[1] « C'est par vanité et fantaisie, » dit Raymond Bonal, dans son *Cours de Théologie Morale*, tome 2, p. 121, « que les peintres ont pris la coustume d'habiller Nostre-» Dame et les Saints d'habits mondains et pompeux. » Il y a dans cette assertion plus de mauvaise humeur que de vérité. Cet usage, originairement grec, tenait à l'observance d'un *decorum* respectueux envers les bienheureux, et particulièrement celle à laquelle l'Église a déféré les titres de *Regina cælorum*, *Regina angelorum*, *Regina mundi*, et fait enfin élever près de Saint-Jean-de-Latran, un temple sous le nom de *Sancta Maria Imperatrix*. C'était cette souveraine en effet et non, malgré l'identité de la personne, la modeste épouse du pauvre charpentier de Nazareth, que les vieux artistes voulaient et croyaient caractériser parfaitement en la décorant des attributs matériels de la majesté royale. Pendant une longue suite de siècles, nos pères gratifièrent indistinctement d'applications honorifiques tous les habi-

Notre-Dame de Fontenelle.

cinq pieds de sa base que se voit, comme nous l'avons déjà dit, la tombe de Jean, bailli de Fontenelle. Aux environs de cette madone, le mur offre quelques vestiges de couleurs di—

tans du céleste séjour; et n'eussent-ils parlé que de celui auquel on attribue la plus humble des professions, ils auraient cru commettre une sorte d'irrévérence s'ils l'eussent fait autrement qu'en le désignant par les mots de *monseigneur* ou *monsieur Sainct Crespin*. Au reste, sauf l'addition de la couronne, du sceptre et des autres insignes aussi fréquemment que mal à propos employés par les peintres et les statuaires du moyen âge, ils ont presque tous été d'accord pour donner à la Vierge-Marie un costume que l'abbé Fleury juge avec raison fort analogue à celui des premières religieuses grecques. On trouve la description suivante de celui-ci dans une homélie de saint Jean Chrysostôme : Une tunique bleue serrée d'une ceinture, des souliers noirs et pointus, un voile blanc sur le front, un manteau noir couvrant la tête et tout le corps.

C'est au burin de notre estimable confrère, M. Henry Brevière, graveur et membre de la société libre d'émulation de Rouen, que nous sommes redevable de la vignette en bois représentant Notre-Dame de Fontenelle ; la figure agenouillée offre une Cauchoise dans le costume de son pays.

verses : j'avoue que je ne les ai point remarquées avec assez d'attention pour me souvenir si l'on y distingue les traces d'une peinture que Jacques Hommet fit exécuter en ce
lieu au commencement du seizième siècle.

« Ce fut lui, dit D. Bréard, dans les écrits
» duquel je n'ai que depuis mon retour puisé
» ce document, qui fit aussi peindre ce bel
» arbre, lequel est au bout du cloistre, du
» costé de la nef, vers le septentrion, et qui
» composa les vers françois pour mettre pro-
» che chaque saint dudit arbre; lesquels j'ai
» vus et recueillis, etc. » L'idée la plus probable qu'on puisse se former de cette fresque,
c'est qu'elle offrait les saints de Fontenelle disposés par ordre chronologique de succession,
dans des espèces de rameaux, dont saint Benoît ou saint Wandrille occupait le tronc,
comme dans les sculptures ou les peintures
représentant la généalogie de Jésus-Christ,
on voit les rois, ses ancêtres maternels, for-

mer les fruits d'un arbre dont la souche sort de la poitrine d'Abraham [1].

Comme on n'avait pas pensé, dans les immenses travaux exécutés dans le dix-septième

[1] Lorsque Charles VIII fit son entrée à Troyes (en Champagne), en 1486, les habitans de cette ville le régalèrent de spectacles dans le goût du temps, parmi lesquels ils introduisirent un *arbre* représentant le *lignage* de ce roi ; il est décrit dans les vers suivans, extraits de la relation rimée de cette solennité publiée par Grosley (*Éphémérides troyennes*, pour l'an 1763.)

> « Un très-bel arbre qui lys représentoit,
> » Auquel le roy à le voir prist plaisance.
> » Près les croisettes en hault escu estoit,
> » Des fleurs auoit en très-grande abondance,
> » Aux pieds duquel estoit la remembrance
> » De saint Louis fort proprement faite,
> » Car hault estoit trois fois plus qu'une lance,
> » Et très-bien fait, droitement à souhait.
>   » D'une chacune d'icelles fleurs issoit
> » Un petit roi habillé richement,
> » L'un comme l'autre et chascun d'eux tenoit
> » Sceptre royal bien fait et proprement,
> » Leurs noms tenoient escrits bien grossement,
> » Selon leur ordre estoient, je vous affie, etc. »

En tête du *Monasticon Anglicanum*, une estampe exécutée par Wenceslas Hollar représente un arbre des rameaux duquel sortent, extrêmement nombreux, les

siècle, à ménager des communications faciles entre les lieux réguliers, on résolut, en 1680, de pratiquer plusieurs ouvertures du côté oriental du cloître; ce sont les portes de forme vulgaire qui s'y voient encore. L'on se crut amplement dédommagé de ce travail par la découverte qu'on fit, en perçant la muraille, d'une porte en ovale (*ovale* probablement pour *ogive*[1]), haute de six pieds et large de quatre. Sur sa partie supérieure se lisaient en

plus grands personnages attachés à l'ordre de Saint-Benoît; ce bienheureux abbé se voit au bas de la gravure ayant à sa droite saint Grégoire pape et saint Dunstan, et à sa gauche saint Augustin et saint Cuthbert; ces cinq figures sont entières, debout, et comme il s'agit dans cette allégorie d'une filiation purement spirituelle, la tige de l'arbre paraît tirer simplement son origine de la tête du patriarche des bénédictins.

[1] On a cependant imaginé, à une époque peu reculée, un gothique détestable composé d'arcs à brisure arrondie; telle est par exemple à Rouen la figure des nervures du cloître de la première maison de la Visitation, bâtie rue Beauvoisine sous le règne de Louis XIII. C'est à ce style équivoque et mou que les Anglais ont donné

Porte du réfectoire de St Wandrille.

lettres gothiques les vers suivans, que nous allons rapporter d'après D. B. Bonnefont :

Fontanella bonum semper venerare patronum
Qui praesul Senonum fuit et doctor Fresjonum
Francorum regimen Dagobertus nobilitavit
Hinc tibi munimen se Fontanella paravit.

Il ne paraît point douteux que saint Wulfran ne fût l'objet de cette inscription à laquelle, dit-on, plusieurs personnes donnèrent dans le temps une antiquité beaucoup trop reculée. Nous allons rétrograder nous-même vers la galerie septentrionale du cloître, pour y jeter un coup-d'œil sur l'entrée du réfectoire. Elle se compose, comme on le voit dans la gravure, d'un portail percé de deux baies à cintres surbaissés ; elles sont partagées par un pilier dont les ornemens attestent, comme les

le nom d'*elliptic*. Quoi qu'il en soit, il n'est pas moins présumable que le mot *ovale* est employé dans le manuscrit de Saint-Wandrille pour celui d'*ogive*, que l'écrivain ne connaissait pas.

autres parties de cette double porte, la délicatesse du ciseau des sculpteurs du seizième siècle. Malheureusement ce portail est surmonté d'un couronnement dont le mouvement mollasse et tourmenté offre le mauvais goût qui présidait, à la même époque, aux encadremens des fenêtres de la jolie tourelle du Palais de Justice de Rouen. Cette aberration choquante relève d'autant plus, dans Saint-Wandrille, les formes pures, franches et décidées de l'admirable lavabo dont nous avons parlé plus haut, qu'il est contigu à cette entrée du réfectoire.

Le cloître ne présente plus le moindre vestige de ses anciens vitraux, dont la beauté devait singulièrement ajouter à celle de ces fraîches et pittoresques galeries. Ils représentaient des saints parmi lesquels se trouvaient tous ceux auxquels Fontenelle devait particulièrement sa renommée et sa gloire.

LE RÉFECTOIRE.

L E réfectoire a plus de trente-trois mè-
tres de longueur sur une élévation analogue. Il est éclairé, du côté du nord, de huit
grandes fenêtres, de forme ogive, et d'un nombre égal du côté opposé; mais ces dernières sont
en plein cintre, et me paraissent, ainsi que la
portion de l'édifice qu'elles occupent, fort antérieures à tout le reste. La partie inférieure
du mur, de ce même côté, était autrefois décorée, comme le réfectoire tout entier sans
doute, d'une suite d'arcs en plein cintre, sy-

métriquement entrelacés [1], dont le diamètre,
de neuf pieds quatre pouces, était coupé dans
son centre par la réunion de deux autres arcs.
Sans doute les retombées de ces cintres repo-
saient alternativement sur une espèce de cor-
bel, ou sur le chapiteau d'un pilier engagé
dans la courtine du mur. Je crois devoir m'ar-
rêter à cette dernière supposition, ayant dé-
gagé du plâtre qui couvre cette décoration,
quelques parties d'une espèce de chapiteau
dont les fleurons et l'abaque m'ont semblé
porter le cachet du onzième ou du douzième
siècle. Je n'ai point voulu, par quelques mo-
tifs particuliers de discrétion, pousser alors
ce dépouillement plus loin; mais je ne re-
nonce point à l'espoir de vérifier mes doutes
sur cette partie des constructions actuelles de
Saint-Wandrille, que je regarde comme la
plus ancienne et la plus curieuse de toutes,

---

[1] C'est ce que les Anglais appellent arcs entrecoupés,
intersecting.

excepté peut-être la chapelle de Saint-Saturnin.
Le réfectoire n'est point voûté en pierres, un
simple assemblage de charpente s'élève en
tiers-point, c'est-à-dire en décrivant une
ogive depuis le haut des murailles jusqu'au
faîtage, qui est fort élevé, ce qui fait,
comme dans la grande salle du Palais de
justice de Rouen, ressembler cette construction à la carcasse renversée d'un vaisseau. Les
fenêtres, divisées par un seul meneau, étaient
décorées par des figures de saints peints en
grisaille, sur des fonds de verres blancs; et
l'extrémité orientale de cette vaste pièce était
ornée d'une grande composition du peintre
Daniel Hallé, exécutée dans le dix-septième
siècle. Elle est d'une belle ordonnance, et représente le miracle de la multiplication des
cinq pains. Hallé a reproduit dans plusieurs
copies ce tableau, dont l'original orne ac-
tuellement la chapelle de la Vierge, dans l'é-
glise de Saint-Ouen de Rouen.

L'importance des masses et la vaste étendue

des autres édifices de Saint-Wandrille méri-
tent que, malgré l'infériorité de leur date,
nous accordions au moins deux mots de mention aux beaux bâtimens construits dans le
dix-septième siècle par l'architecte Emmanuel
Boynet, originaire de Loudun [1] ; ils sont à
peu près conservés tels qu'ils existaient en
1791. Le bâtiment des hôtes et des infirmes
offre, sur la longueur de deux cent quatre
pieds et la largeur de trente, un double rang

[1] Cet artiste qui depuis trois ans dirigeait les travaux
de l'abbaye abjura, le 5 mai 1657, la religion protes-
tante entre les mains du sous-prieur de Saint-Wandrille,
D. F. Constantin Mauger, ainsi que deux jeunes demoi-
selles ses filles ; les religieux, par suite de la haute con-
sidération qu'ils avaient pour lui, attachèrent beaucoup
d'importance à cet événement; trois ans après, le père de
Boynet, architecte et sculpteur, fixé depuis long-temps
à Rouen, et alors extrêmement âgé, suivit dans les mêmes
lieux l'exemple de son fils. Il est probable qu'une partie
des maisons les plus remarquables de Rouen et de ses
environs, datant de la dernière moitié du dix-septième
siècle, furent construites ou décorées par ces deux artistes.

de dix-sept grandes croisées ; il est à deux étages et renferme un nombre infini de pièces, qui toutes avaient leur usage particulier. Les travaux de cet édifice durèrent depuis 1658 jusqu'en 1668.

LE DORTOIR.

LE dortoir, bâtiment d'un goût austère et d'un style assez pur, est de deux cent quatre-vingt-six pieds de long, sur quarante de large, y compris l'épaisseur des murailles. Le peu de solidité du terrain occasiona des obstacles et des avaries sans nombre pendant l'élévation de cet édifice; on en vint pourtant à bout en bâtissant souvent sur pilotis, et en donnant à quelques parties des fondations douze pieds de profondeur sur neuf de large. Ce vaste bâtiment, offrant une double voûte dans toute sa longueur, renferme une pièce extrêmement remarquable : c'est le grand *promenoir*, long d'environ cent vingt pieds. Dans son centre, une file de colonnes, supportant les arcs arrondis des voûtes, forme une espèce de double galerie éclairée de deux rangs de grandes fenêtres en plein cintre, l'un à l'orient et l'autre au couchant. Leurs vitraux blancs sont ornés de larges bordures où l'on voit représentés toutes sortes d'oiseaux, de poissons, de quadrupèdes, de vases chargés de fleurs et de fruits, de rinceaux, etc. Ces admirables listels, qui furent posés en 1688, sont peints en apprêt et ne présentent presque aucune opacité de couleur, même dans le rouge et le bleu, preuve de la haute perfection que cette partie de l'art avait acquise sous Louis XIV. Malheureusement ils ont déjà beaucoup souffert, le promenoir étant la principale pièce de l'atelier de filature de M. Lenoir fils.

On eût vainement, dès 1789, cherché dans le vaste pourpris de Saint-Wandrille plusieurs édifices importans représentés dans le plan du père Michel Germain; quelques-uns n'existaient plus dans leur entier, et déjà depuis long-temps il ne restait rien du logis abbatial ni de l'église de Saint-Pancrace. Quant à celle de Saint-Paul, les religieux l'avaient détruite postérieurement encore, il y a soixante-cinq ans environ, pour dégager la vue des deux gros pavillons qu'ils construisirent alors, et de l'énorme et lourde porte ronde qu'ils substituèrent en même temps aux bâtimens de l'ancienne entrée gothique.

Le peu d'ordre, l'insouciance et la dilapidation qui régnaient à l'époque de l'expulsion des moines et de la spoliation des abbayes, laisseront de longs regrets aux amis des sciences et des arts. La bibliothèque de Saint-Wandrille renfermait encore alors, malgré les larcins du sacristain de Gruchy, beaucoup de manuscrits précieux échappés à ses mains sacriléges : il en était ainsi de quelques reliquaires curieux par l'antiquité de leur fabrique,

qu'on avait soustraits à la rapacité des calvinistes ; les premiers ont presque tous disparu
au milieu d'un gaspillage imbécille, les se-
conds dans l'impitoyable creuset révolution-
naire. En 1733, l'accroissement considérable
de la bibliothèque conventuelle avait néces-
sité son changement de local ; M. de Fourcy,
abbé de Saint-Wandrille, venait, par une
rare générosité, d'en réparer les anciennes
pertes, et de l'enrichir des dons les plus variés.
Dans son enceinte, le numismate trouvait, en
1789, le plus beau choix de médailles antiques et de médaillons modernes, l'artiste et
l'amateur un recueil innombrable d'estampes
les plus rares de toutes les écoles, le savant et
le bibliophile une foule de livres choisis avec
autant de goût que de discernement. Par combien de canaux et dans combien de mains se
sont écoulés ces précieux et déplorables gages
de la munificence de l'abbé de Fourcy ! C'est
ce que nous ne savons pas, et ce que probablement nous ne saurons jamais. A l'époque

de la révolution, le cardinal de Brienne ferma le long catalogue des abbés de Saint-Wandrille, montant à près de quatre-vingt. Il était également abbé de Saint-Ouen.

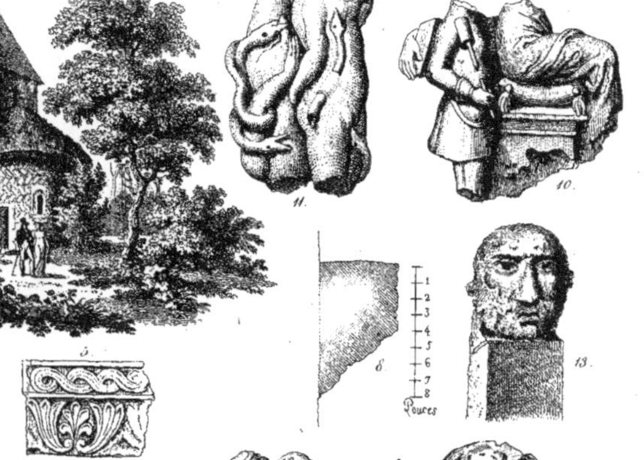

Chapelle de St Saturnin et sculptures de N. D. de Caillouville.

CHAPELLE DE SAINT-SATURNIN.

Près avoir aussi long-temps fatigué mes lecteurs dans les nombreux détours de Fontenelle, je ne les engagerai point à gravir avec moi la colline sur laquelle subsiste encore entière, hormis de graves mutilations dans ses frises [1], l'antique chapelle de Saint-Saturnin. D'ailleurs notre planche offre le dehors, le dedans, les détails et le plan de ce

---

[1] *Voyez* les ornemens qui s'y remarquent encore, planche XI, numéros 4, 5, 6 et 7; le numéro 8 offre le profil de ces frises et son échelle.

petit monument. Seulement je reviendrai, pour un instant, à ce que je rappelais plus haut, qu'en 862, les Normands, furieux de se voir frustrés dans l'espoir de recueillir encore de l'or dans Fontenelle, et de s'enrichir de ses dépouilles, avaient assouvi leur vengeance sur ces édifices restés déserts. Le monastère ayant été saccagé, réduit en cendres, ainsi que des chapelles voisines citées par les historiens, celle de Saint-Saturnin pouvait-elle échapper à des hommes chez lesquels l'habitude de la destruction et du ravage était devenue une espèce de besoin? Pour moi, je ne puis le croire, ni donner conséquemment à ce curieux *sacellum* l'antiquité qu'on est tenté de lui accorder au premier aspect. Je conçois seulement que sa reconstruction puisse, en raison de son peu d'importance, avoir précédé même de près de cent ans les grands travaux entrepris par saint Gérard, au commencement du onzième siècle ; mais je ne lui accorde pas un seul jour d'antériorité sur l'horrible dévastation des Danois. Sous le règne de Charlemagne, un saint homme nommé Hardwin vécut long-temps en état de réclusion dans une cellule contiguë à cette chapelle, et s'y occupa d'écrits ascétiques sur les livres saints. Aujourd'hui le peuple des environs conserve pour ce monument une vénération, qui dut en partie son origine à une vieille tradition de Fontenelle même, qui prétend que ce lieu renferme la sépulture d'un saint, d'Hardwin peut-être, dont le corps s'y conserve sans la moindre corruption, ainsi que les vêtemens dont il est couvert.

Cette chapelle, long-temps avant la révolution, n'était plus qu'un simple oratoire ; un curé de Gueuteville qui se retira dans Fontenelle à l'âge de quatre-vingt-deux ans, en 1680, la fit clorre de murs ainsi que la colline sur laquelle elle est située, qui domine le monastère du côté du nord. Ce bon prêtre donna six mille francs pour ce travail, au moyen duquel l'enclos de Saint-Wandrille acquit près de mille deux cents toises de circuit.

NOTRE-DAME DE CAILLOUVILLE.

J'aurais été fâché de quitter Saint-Wandrille sans visiter la masure située à cinq cents pas à l'est de l'abbaye, sur laquelle s'élevait autrefois la célèbre église de Notre-Dame de Caillouville, dont je ne puis m'empêcher de retracer succinctemeut l'histoire.

Ce monument, fondé, comme nous l'avons dit, dès les premiers temps de Fontenelle, fut détruit par les Normands en 862. Rebâti dans des circonstances plus prospères, il était tombé de vétusté, lorsqu'en 1331 il fut reconstruit

par le sacristain de l'abbaye, aidé des obla-
tions des fidèles. La voûte du chœur s'étant
écroulée en 1631, on ne lui substitua qu'un
simple plafond de charpente et de menuiserie.
La nef était couverte de la même manière. Les
dimensions de cet édifice, qui, avant le milieu
du siècle passé, avait déjà fort souffert de l'in-
jure des temps, étaient de cent quatre pieds de
longueur en dedans, dont cinquante pour le
chœur, qui était fort beau, et cinquante-
quatre pour la nef, qui était d'un ouvrage
très-commun. Le chœur était éclairé de dix
vitraux larges chacun de sept pieds et hauts de
quinze. Une corniche de pierre qui régnait en
dedans tout le long de l'édifice, à la hauteur
de dix pieds ou environ, portait quantité de
groupes qui représentaient toute l'histoire de
Jésus-Christ. On y avait joint un si grand
nombre d'images ou de statues, sans compter
les peintures dont le lambris de la nef avait
été orné, que l'on disait communément parmi
le peuple que tous les saints du paradis s'y

trouvaient [1]. « On y voit entre autres, *dans le mauvais goût du temps* (disait un » écrivain du siècle passé), une image de la » crèche, où la Sainte-Vierge étend un bras » hors du lit et tient l'Enfant-Jésus sous l'ha- » leine du bœuf ou de l'âne pour le ré- » chauffer. »

On ne sait si le P. Duplessis, auquel j'emprunte ces premiers détails sur Caillouville, entend par mauvais goût, en parlant de ce groupe, bizarrerie de composition, ou médiocrité de travail : c'est à cette dernière pensée que je m'arrête, ayant eu lieu, dans plusieurs autres passages du même auteur, de m'apercevoir, ou qu'il parlait d'après les autres, ou qu'il jugeait peu sainement de certains objets d'art. On n'en doutera pas lorsqu'on lira

[1] On peut évaluer, d'après l'extrême rapprochement des groupes et les dimensions de l'édifice, le nombre des figures sculptées, à cinq ou six cents. On dit encore aujourd'hui proverbialement en Normandie, *tassés comme les saints de Caillouville.*

son opinion insérée p. 164 , sur un tombeau publié dans cet ouvrage. J'ai découvert
le buste de la Vierge du groupe en question :
il est d'un travail gothique, il est vrai , mais
d'une grâce et d'une naïveté charmantes (*Voy.*
Pl. XI, n. 9 [1].) Ce que dans les arts on appelait grâce du temps de Duplessis, n'était rien
autre chose qu'une prétentieuse et théâtrale
afféterie : donc le charme de la naïveté n'était
plus senti, n'était plus estimé, quand, par un
singulier contraste, on était tombé dans les
formes flasques et vulgaires, en croyant se
rapprocher de la nature. En rendant justice
au très-petit nombre de peintres et de statuaires qui, guidés par un goût plus sûr, ne dé-
daignèrent point de respecter, sous Louis XV,
les grandes traditions de l'art, je ne crains

---

[1] Je dois à l'extrême complaisance de **M.** Lesage aîné,
de Caudebec , l'envoi et la possession de cette *pièce de
conviction* , dont nous n'avions eu le temps de prendre ,
sur le lieu, qu'un croquis assez vague.

point de dire qu'une foule de sculptures exécutées dans le moyen âge, spécialement depuis saint Louis jusqu'à la renaissance, se rapprochaient de l'antique par de bien plus frappantes analogies, que la plupart des productions qui attestèrent, depuis la régence de Philippe d'Orléans jusqu'au professorat de Vien, la dégénération de l'école française. Devons-nous maintenant nous étonner du jugement peu fondé du P. Duplessis, quand les artistes, ses contemporains, s'égaraient eux-mêmes et dans leur système et dans l'emploi de leur talent?

Sur le sol où s'élevait Notre-Dame de Caillouville gissent encore quelques figures éparses, horriblement mutilées. Elles m'ont paru de proportions fort différentes et d'un mérite d'exécution assez inégal. Elles devaient être, pour la plupart, de demi-bosse et appliquées contre le mur comme une espèce de parement. Jadis une statue haute au moins de douze pieds s'offrait aux regards du spectateur, à gauche et la première en entrant dans la nef : c'était celle du puissant préservateur de la mort subite, de saint Christophe [1]. Plusieurs autres figures, moins élevées de moitié que ce colosse, se trouvaient disposées çà et là ; mais tout le reste, d'une dimension moindre encore, ceignait, entassé par groupes, tout l'in-

[1] Ce saint que les légendaires font naître Cananéen, et mourir confesseur et martyr sous l'empire de Dèce, le 25 juillet 254, n'est connu que par des actes qui depuis près de deux siècles sont regardés comme au moins extrêmement suspects. Il n'en fut pas moins extraordinairement honoré dans toute l'église latine, et surtout en Espagne et en France. Il était le plus souvent représenté dans des dimensions énormes, et la cathédrale de Paris n'était pas la seule basilique qui renfermât un semblable colosse. Au reste on ne peut être surpris du rôle excessivement important et presque unique que ce saint géant remplissait dans le culte des images, quand on songe qu'on était alors persuadé qu'il suffisait d'envisager la sienne, avec quelque dévotion, pour être garanti, au moins pendant la journée, des plus graves accidens physiques ; mais la confiance de nos bons aïeux en lui ne se bornait pas là ; outre le soin de leur santé ils lui commettaient encore la garde de leur réputation et celle de leur tranquillité domestique ; aussi son effigie grossièrement gravée en bois, format in-folio, dès 1423,

térieur de ce précieux *panagion*. Ces groupes représentaient un grand nombre de sujets des deux testamens, et cette curieuse décoration n'était pas, à coup sûr, d'un médiocre intérêt aux yeux de nos pères, qui se complaisaient à retrouver dans les embellissemens des temples,

dut-elle être aussi abondamment répandue qu'universellement et avidement accaparée. On ne connaît aujourd'hui cependant, de cette rarissime et gothique production, qu'une ou deux épreuves au plus. Outre la date précitée, on y lit, au pied du sujet, les vers suivans :

Cristophori faciem die quamcumque tueris.
Illa nempe die morte mala non morieris.

Dans la plus grande partie des Heures manuscrites ou imprimées dans les quinzième et seizième siècles, l'image de saint Christophe est suivie de prières latines ou françaises, dans lesquelles on attribue à ce martyr le pouvoir de prévoir tout ce qui peut arriver de fâcheux à l'homme, tant par la fragilité de son être que par la perfidie ou la malice de ses semblables ; ajoutons à cela que, dans beaucoup de pays, il était invoqué par les femmes enceintes, pour obtenir, par son intercession, une heureuse délivrance et un fruit vigoureux.

ce qu'ils couraient avec empressement admirer dans les représentations scéniques des mystères. Dans l'irréparable perte de ces antiques productions de l'art, ce qu'on doit regretter le plus ce sont les effigies des personnages appartenant à notre histoire. On ne peut, je crois, voir autre chose qu'un déplorable débris de ces derniers dans un fragment offrant, assise sur une espèce de trône, une figure tronquée, derrière laquelle est debout un sergent-d'armes armé de sa masse, également mutilé (*voy.* pl. XI, n. 10, p. 121). Là, suivant un usage assez commun alors, on n'avait point oublié de mettre en opposition la béatitude des élus avec les tourmens des réprouvés. J'ai trouvé sous l'herbe, et recueilli une relique des images de ces derniers. Ce sont deux torses, nus et de sexe différent, accolés de la plus étrange manière, et dont les bras sont singulièrement renversés. Des serpens qui traversent leurs chairs, les enlacent de leurs hideux replis ; les uns leur mordent les mamelles, les autres les déchirent plus étrangement encore, mais d'une façon fort propre à donner au peuple une leçon de continence (*voy.* pl. XI, n. 11, p. 121). La fameuse tour de Montmorillon offre plusieurs statues dans une situation de même genre, et l'abbaye de Moissac renfermait aussi, je crois, des bas-reliefs à peu près semblables.

C'est à tort, je présume, qu'on a cherché dans ces derniers sujets un sens différent et bien plus éloigné que celui qu'il faut absolument donner au fragment de Caillouville. Les Grecs eux-mêmes avaient introduit aux enfers les serpens que la férocité humaine employa quelquefois comme instrumens de supplice. Les prédicateurs, les artistes, les poëtes, les y ont maintenus pendant la durée du moyen âge. Jusque dans la religion musulmane on retrouve cette croyance, ou, si l'on veut, cette parabole [1]. Michel-Ange tourmente un de ses

---

[1] « Le souverain juge, au dernier jour, attachera, » autour de celui qui n'aura point fait l'aumône, un

damnés comme ceux de notre sculpture ; et cent ans après ce grand peintre, Jérémie Drexelius, dans son livre *De Æternitate Considerationes*, produit une estampe où les réprouvés sont dévorés par des reptiles, horribles agens de la vengeance céleste. J'avouerai cependant que ce jésuite paraît donner à cette image un sens purement allégorique, en ne parlant dans son texte que de *vermes conscientiæ*.

La chapelle de Caillouville, à en juger par ses vestiges, n'était point en forme de croix. Ce monument devait avoir environ quinze pas de large de dedans en dedans. Sur son emplacement s'élève aujourd'hui une espèce de petit calvaire, au pied duquel on a amoncelé quelques têtes de saints, et placé la partie supérieure d'un groupe, représentant Joachim et

---

» effroyable serpent, dont le dard piquera sans cesse » sa main avare, qui ne s'ouvrit point pour les mal- » heureux. » (*Religion de Mahomet*, etc., Réland, dixième leçon.)

Anne, tous deux debout et se tenant chastement embrassés (*voy*. pl. XI, n. 12, p. 121). Telle était autrefois la manière, en même temps expressive et modeste, de présenter aux sens l'immaculée conception de Marie [1]. Nous remarquâmes aussi parmi plusieurs autres débris plus ou moins déformés, une espèce de terme d'un aspect fort bizarre; c'est la figure classée sous le n° 13, dans notre quinzième planche.

A dix pas de ce lieu se trouve la fontaine miraculeuse, dont la renommée n'a, depuis plusieurs siècles, rien perdu de son crédit. Autrefois le retour du Vendredi-Saint appe-

[1]   Joachim s'est trouvé
A la porte dorée,
En la bouche a baisé
Son ancienne épousée
De qui vient la lignée
De ce précieux fruit.
. . . .
(4ᵉ couplet du vieux noël : *Noble fleur de la vigne.*)

lait à Notre-Dame de Caillouville un concours
prodigieux de peuple , qui venait pour y en-
tendre un sermon et pour y faire ses dévotions ; on n'y prêche plus aujourd'hui , mais
tous les premiers vendredis de mai , on voit
la même affluence accourir sur ce sol dévasté.
Là , dans ce même jour, plus de deux mille
évangiles sont récités par le curé de Saint-
Wandrille et les ecclésiastiques des environs,
qui l'assistent dans cette circonstance. Qui ne
bénirait avec moi la foi de ces bons pélerins qui,
les consolant du malheur de la vie , apporte
en même temps dans cette agreste contrée
des moyens d'existence annuels, dont elle ressentit vivement la privation pendant le détestable règne de la terreur ! En effet, jusqu'à
l'arrivée de l'arrière-saison , les baigneurs
abondent à Caillouville ; d'autres y viennent
simplement , soit pour y prier , soit pour s'y
acquitter d'un vœu. Pendant tout ce temps ,
par un petit calcul assez bien entendu , mais
quelque peu teinté de simonie, on ne laisse

plus, dit-on, emporter de l'eau de la fontaine, devenue la propriété d'un particulier, à moins de cinq à six sous la pinte.

Cette fontaine, entourée de haies, est située à la source du ruisseau dont l'abbaye naissante emprunta son premier nom; elle est de figure carrée, et l'on descend jusqu'au fond par des degrés de maçonnerie, occupant son pourtour, au-dessous de la surface de l'eau; tels étaient disposés, hormis leur forme ronde, les premiers *baptistères*, lorsque le sacrement régénérateur s'administrait par immersion[1]. Le fond de la fontaine est revêtu de dalles de pierre, sur l'une desquelles est gravée en creux une figure que l'on dit être celle de la sainte reine Radegonde. Cette image, que, malgré toutes mes tentatives, je n'ai pu distinguer, à cause de l'épais limon dont elle était couverte, devient apparente lorsque l'on cure la fontaine, ce qui se pratique ordinairement aux

---

[1] *Anastas. in Sylvest.*, Greg. Tur., lib. 2.

Fontaine de N.-D. de Cailleville.

premiers jours de mai. Enfin, contre la clôture de cette source révérée, s'élève, à l'intérieur, un petit hangar couvert en chaume ; il abrite deux statuelles hideuses, censées représenter, l'une encore sainte Radegonde, l'autre saint Clair ; elles sont aux deux côtés d'une figure assise beaucoup plus grande et revêtue d'une robe verte. Cette dernière qui, par son horrible difformité, ressemble à certaines pagodes indiennes, n'a point d'enfant dans les bras ; mais un écriteau cloué à contre-sens, présente, en gros caractères, ces mots renversés : NOTRE-DAME-NIÉGE, orthographe barbare, malgré laquelle il faut lire Notre – Dame – des – Neiges.

J'ai trouvé Fontenelle renversée sous ses ruines, quand le pouvoir du temps et les révolutions de l'esprit humain n'ont pu détruire ni altérer seulement des croyances plus antiques que ces religieux débris. Puissent ces mêmes croyances, préservatrices des angoisses du doute , compagnes innocentes et naïves de la plus solennelle des espérances, toujours contribuer, transmises d'âge en âge, au bonheur des habitans de ces paisibles vallons.

SÉRIE

DES ABBÉS

DE SAINT-WANDRILLE,

RÉDIGÉE

D'après plusieurs manuscrits de cette abbaye, le Chronicon Fonta-nellense, *le* Gallia christiana, *le* Neustria pia, *l'Almanach royal,* etc., etc.

1. SAINT WANDRILLE. (*Wandregesilus* ou *Wan-dregisilius.*) Il fonde le monastère de Fontenelle vers 654 ou 655 ; il bâtit les églises de Saint-Pierre, de Saint-Paul, de Saint-Laurent et de Saint-Pancrace. (Il paraît que ce monastère s'accrut tellement par la protection et les libéralités de Clovis II, de Bathilde et de plusieurs grands personnages du royaume, qu'Orderic-Vital a cru pouvoir dire en parlant de saint Wandrille : *In diebus S. Audoeni pontificis, S. Wandregesilus ingens mona-chorum agmen Fontinellæ adunavit.*) Quelques années avant sa mort, arrivée en 665, vivait à Fontenelle saint Génésion (*Genesius*), qu'il avait constitué, pour quel-que temps, son lieutenant ou vicaire, *pro-abbas,* selon

Dumoustier, qui fait cette réflexion en parlant de ce dernier : « On l'a omis sur le registre des abbés de Fon- » tenelle, ou parce qu'il a été très-peu de temps en » charge, ou parce qu'il a quitté le monastère pour aller » à la cour, avant la mort de saint Wandrille. » Nommé archevêque de Lyon en 668, Génésion mourut en 670.

2. SAINT LAMBERT. Il jouit d'un grand crédit auprès du roi Thierry qui fait de grandes donations à l'abbaye de Fontenelle, et contribue ainsi à son accroissement. (Mais les titres de ces donations sont perdus, probablement aussi celui par lequel Thierry accordait à cette abbaye une propriété en Provence, pour la fournir d'huile et d'autres choses nécessaires.) Nommé abbé de Saint-Wandrille en 665, et archevêque de Lyon en 678.

3. SAINT ANSBERT succède à saint Lambert en 678; il bâtit une hôtellerie [1] (*xenodochium*) à la porte de l'abbaye. Nommé archevêque de Rouen en 684, il n'en

---

[1] Le mot hôtellerie est le seul par lequel on puisse littéralement traduire l'expression latine à laquelle on substitua plus tard dans les monastères celle de *domus hospitum*, maison ou logement des hôtes. Sa destination était en effet d'héberger gratuitement et pendant un nombre de jours presque toujours déterminé, les étrangers et les pélerins valides. On a quelquefois employé synonymiquement pour *xenodochium* le mot *nosocomium*, qui ne peut être traduit que par hôpital, maladrerie, infirmerie. C'est une erreur, au surplus, de considérer étymologiquement la chose. Les mots hôtellerie et hôpital, qui désignent aujourd'hui deux établissemens de nature si différente, tirent également leur origine de celui d'*hospes*, hôte.

conserva pas moins le gouvernement et la dignité d'abbé
de Fontenelle, jusqu'au moment de sa mort arrivée en
695. L'intrigue l'ayant fait exiler, il se retire à Omont,
monastère du Hainaut, où il meurt; on rapporte ses
restes à Fontenelle, et on les dépose dans l'église de
Saint-Paul, à la gauche de ceux de saint Wandrille.

4. Saint Hilbert *ou* Hildebert Ier. Elu abbé à
la fin du septième siècle, il rend les honneurs funèbres à
son prédécesseur, lorsque l'on rapporte ses restes d'Omont,
dans le Hainaut, à Fontenelle, à l'endroit où le corps de
saint Ansbert était posé. (Ce lieu, selon Dumoustier, se
nommait en latin *Paldriacus*, et dépendait du territoire
de Rouen, et le *Gallia Christiana* le désigne sous le
nom de *métairie de Berthold et de Radamiste.*) A quatre
mille pas de l'abbaye, il élève, en remplacement de la
croix qu'on y a plantée, une église d'un beau travail,
en l'honneur de ce saint prélat (*ecclesiam augusto et
polito opere construxit*). Il meurt en 699 ou 700 ; enterré
d'abord dans l'église de Saint-Paul, on rapporta ses
restes dans l'église principale ; et on les plaça sous le
maître-autel.

5. Saint Bain. (*Baynus.*) On ne parle, dans ce qui le
concerne, que de la translation qu'il fait de l'église de
Saint-Paul dans celle de Saint-Pierre, des reliques de saint
Wandrille, de saint Lambert, de saint Ansbert et de
plusieurs autres moines. Il est nommé abbé, et succède
à saint Hildebert vers 700, mais on ne connaît pas l'époque de sa mort. C'est pendant son administration que le
duc Pepin fit élever le monastère de Fleury, dans le

Vexin, dont il donna la direction à saint Bain. (Il fut aussi évêque de Térouanne.)

6. SAINT BÉNIGNE. Successeur de saint Bain vers 710 ; il gouverne Fontenelle jusqu'en 722 , époque où il meurt. Confirmation faite par Childebert II , à l'abbaye, des priviléges accordés par les rois ses prédécesseurs , et des donations faites par les fidèles , comme aussi de plusieurs nouveaux priviléges octroyés à Fontenelle par le même prince, et de quelques autres dotations dues à des personnages notables ou par leur rang ou par leur piété.

7. SAINT HUGUES. Succède à saint Bénigne, en 724, et fait plusieurs donations à l'abbaye de Fontenelle qu'il gouverne jusqu'en 730 avec la dignité d'archevêque de Rouen ; mort dans la même année. Il fut inhumé à Jumiéges dont il avait été aussi abbé.

8. SAINT LANDON. Entré en charge en 731 , il meurt en 734 , et est inhumé dans l'église de Saint-Pierre de Fontenelle.

9. TEUTSINDE. (*Teutsindus.*) Celui-ci fut un de ces abbés militaires qui s'emparèrent des monastères sous Charles-Martel. D'abord abbé de Saint-Martin de Tours , il le devient ensuite de Fontenelle , en 734. Son gouvernement est tel qu'il lui mérite le surnom de *malus rector, malus administrator.* Il dépouille Saint-Wandrille des trois quarts de ses propriétés , qu'il aliène en faveur de ses parens et d'hommes de la cour. Il donne au seul comte Rothaire ou Rathaire, vingt-neuf métairies avec leurs dépendances. C'en était fait de l'ab-

baye si parmi les religieux elle n'avait compté Erinhard
(*Erinhardus*), qui éleva l'église de Saint-Michel, aujourd'hui église paroissiale. *Sed hujus denique tempore*
(837), *Erinhardus œdificavit basilicam beatissimi
archangeli Michaelis, licet modico pulcherrimo tamen
opere, allatis videlicet petris politis de Julio-Boná cas-
tro* [1] *quondam nobilissimo ac firmissimo, ad construen-
dos arcus seu frontispicium ejusdem templi.* (Chronicon
Fontanellense, apud Acherium, cap. X.) Teutsinde mourut en 738.

10. GUY I. Digne successeur de Teutsinde, dont il
suit les traces. Il ne gouverne Fontenelle que pendant un
an. Mort en 739.

11. RAGENFROY. Nommé abbé de Fontenelle en 739.
Il est déposé pour ses déprédations en 742 ; il est également déposé comme archevêque de Rouen.

12. SAINT WANDON. Nommé sur la demande unanime des religieux, il succède à Ragenfroy en 742. Il
bâtit une église en l'honneur de saint Servais ; elle était
contigüe à celle de Saint-Pierre, qui fut brûlée en 746.
Saint Wandon gouverna l'abbaye de Saint-Wandrille
jusqu'en 748, époque à laquelle, frappé de cécité, il
donna sa démission. Mort en 756 ; inhumé dans l'église
de Saint-Pierre.

13. ASTRULF ou AUSTRULPHE. Successeur de saint
Wandon en 748. Il se rend recommandable par son

---

[1] Lillebonne en Caux, aujourd'hui connue par ses antiquités
romaines et ses monumens du moyen âge.

administration ; il fait un pélerinage à Rome, et meurt
à Saint-Maurice en Savoie, en 753.

14. WIDOLAICUS, GUYLAÏC *ou* GUY II. Loin de se rendre recommandable par son zèle pour les intérêts du
monastère, il aliène, en faveur de personnages de la cour,
plusieurs métairies appartenant à Fontenelle. Aidé de
la faveur de Pepin, qui vint pendant le cours de son
abbatiat faire ses dévotions au tombeau de saint Wandrille, il fit reconstruire beaucoup plus belle la basilique
de Saint-Pierre. Abbé en 753, il mourut en 787, et fut
inhumé dans cette même église.

15. SAINT GERWOLDE. Évêque d'Évreux, il aban-
donne son évêché et devient abbé de Fontenelle, en
787. Il fait couvrir en plomb l'église de Saint-Paul, et
reconstruit entièrement plusieurs édifices ; il en restaure
d'autres qui tombaient en ruine ; il établit une école,
parce qu'il trouve la plupart des moines illettrés, et leur
apprend même à chanter ; car, ajoute naïvement l'écrivain dont les auteurs du *Gallia Christiana* ont tiré ces
documens, quoiqu'il ne fût pas trop versé dans les lettres, cependant il était habile dans le chant, et avait
une voix belle et agréable. Mort en 806, il fut enterré à
Saint-Wandrille.

16. SAINT TRASARE. Nommé abbé en 807, il obtient
de Louis-le-Débonnaire, pour son abbaye, de grands
bienfaits, de nouveaux priviléges et la confirmation de
ceux dont elle jouissait auparavant. Il se démet de ses
fonctions en 816.

17. SAINT HILBERT *ou* HILDEBERT II. Entré en

charge en 815 ou 816, il mourut, dit-on, en 817, s'é-
tant fait remarquer par sa piété.

18. Éginhard. Il gouverne Fontenelle pendant sept
ans, c'est-à-dire depuis 817 jusqu'en 823, époque à laquelle, appelé à d'autres fonctions par Louis-le-Débonnaire, il cède sa charge d'abbé à saint Anségise.

19. Saint Anségise *ou* Angésile. (*Ansegisus.*) Il
fait tant de bien à son abbaye et déploie de si grandes
vertus, qu'on le regarde comme un nouveau saint Wandrille, ou comme un autre saint Ansbert. Il restaure
plusieurs bâtimens, il en construit de nouveaux, parmi
lesquels on ne doit pas oublier le chapitre, au nord
de l'église Saint-Pierre. Par son testament, il lègue une
livre d'argent au monastère de *Logium* [1], dont la reine
Bathilde avait été la bienfaitrice et même la fondatrice,
vers 656, et Wisle la première abbesse, aux environs de
l'an 700. C'est dans le chapitre élevé par lui, qu'Ansé-

[1] Ce monastère tirait son nom du lieu de son emplacement, autrement appelé *Lotium*, *Loium* ou *Lotum*. C'est de la dernière
manière qu'il est désigné comme lieu de mansion dans l'Itinéraire
d'Antonin ; on croit que c'est Caudebequet. Milon, religieux de
Fontenelle et fils de l'abbesse Wisle, se retira près de Logium,
sur le bord de la Seine, pour y mener la vie érémitique, et l'y
pratiqua parmi les roches qui bordent la rivière, dans une grotte
qui se nommait encore, long-temps après, la *grotte de Milon*.
Ce pieux solitaire demanda, avant sa mort, d'être enterré à l'entrée du monastère de Logium, qui fut probablement détruit par
les Normands lorsqu'ils brûlèrent et ruinèrent de fond en comble
celui de Saint-Wandrille, en 862. (Voyez les diverses opinions

gise fut inhumé après avoir gouverné l'abbaye de Fontenelle pendant environ dix ans, c'est-à-dire depuis 823 jusqu'en 833.

20. JOSEPH. Il ne gouverne que pendant sept mois et douze jours l'abbaye de Fontenelle ; il est chassé, d'abord parce que les religieux craignent que les intérêts spirituels et temporels de leur monastère ne se trouvent compromis, administrés par un abbé qui occupe en même temps le siége épiscopal d'Evreux, et ensuite parce qu'il a embrassé le parti de Lothaire.

21. SAINT FOULQUES. Le vénérable Foulques gouverne Saint-Wandrille depuis 834 jusqu'en 845. Pendant le cours de son abbatiat, les Normands viennent à Saint-Wandrille, et il le sauve de leurs ravages moyennant six livres d'argent. (*Libris sex.*)

22. SAINT HÉRIMBERT *ou* HÉRIBERT, abbé de Fontenelle, depuis 845 jusqu'en 850 ?

23. JOSEPH. C'est peut-être le même que celui dont on a parlé un peu plus haut. Les auteurs du *Gallia Christiana* disent : *Idem ne sit cum episcopo superiùs memorato , non liquet.* Ils le comptent comme abbé.

émises sur ce monastère, et le lieu de sa situation dans D. Toussaint Duplessis, *Description géographique et historique de la Haute-Normandie* ; dans l'abbé Belley, *Mémoire sur Juliobona*, t. XIX des Mémoires de l'Académie des Inscriptions, p. 634, et dans la *Notice de l'ancienne Gaule* , de Danville, p. 419.)

(Note de M. le marquis Le Ver.)

24. LOUIS, chancelier de France et abbé de Saint-Denis. Il gouvernait en 853 les religieux de l'abbaye de Fontenelle, qui fut entièrement détruite par les hommes du Nord en 862.

Cet événement explique la lacune considérable qui se trouve dans la liste des abbés de ce monastère, depuis 862 jusqu'en 960 environ.

25. EBOLE *ou* EBLE, homme de guerre qui combattit vaillamment contre les Normands pendant le siége de Paris, en 885, porta le titre d'abbé de Fontenelle plutôt qu'il n'en remplit les fonctions, l'abbaye étant détruite et les moines ayant transporté à Gand les reliques de saint Wandrille, de saint Ansbert, de saint Wulfran, etc.

26. MAYNARD, qui fut aussi abbé du Mont-Saint-Michel en 966, relève, sous Richard duc de Normandie, l'abbaye de Fontenelle ; ce qu'il fait en si peu de temps, que l'historien dit : *Divino fretus juvanime templum in parvo tempore nobiliter consumavit.*

27. ENSULBERT, *ou* EUSULBERT, *ou* ENGELBERT. Doyen de Jumiéges, puis abbé de Fontenelle, il se fait remarquer par ses vertus et son zèle à embellir et à agrandir son abbaye.

28 et 29. ABBÉS dont le nom est inconnu. Ils ont gouverné Saint-Wandrille jusqu'en 1008.

30. SAINT GÉRARD Ier. Cédant aux instances de Richard II, duc de Normandie, il se chargea, en 1008, du gouvernement de Saint-Wandrille. La foudre ren-

verse la basilique de Saint-Pierre; il la reconstruit, mais d'une forme plus élégante. En butte à la jalousie par les vertus éclatantes qu'il déploie, il meurt sous la hache parricide d'un moine, l'an de N-S. 1031.

31. SAINT GRADULPHE. Il fait la dédicace de l'église construite par son prédécesseur, sous le vocable de saint Pierre et de saint Wandrille. Il avait été précédemment chargé de diriger la construction du monastère de Sainte-Catherine-du-Mont, par Gosselin, vicomte d'Arques, fondateur. L'église de cette dernière abbaye, détruite sous Henri IV, ayant été, suivant Farin, construite entièrement dans le goût de celui qui présida, vingt-cinq ou trente ans après, à l'érection de celle de Saint-Georges de Bocherville, ce précieux monument qui subsiste encore aujourd'hui dans son intégrité, nous donne sans doute, vu l'extrême rapprochement des époques de construction, une idée positive du style de l'église de Fontenelle, consacrée par Gradulphe. Ce personnage, nommé abbé en 1031, meurt en 1048. Il est inhumé dans le *Trésor*.

32. ROBERT I. Abbé en 1048, il régit le monastère jusqu'en 1063, qu'il fut appelé à l'abbaye de Saint-Germain-des-Prés, où il mourut et fut inhumé.

33. GILBERT *ou* GIRBERT. Son abbatiat se fait surtout remarquer par les hommes de mérite qui fleurirent à cette époque dans l'abbaye de Fontenelle : les deux Godefroy, Guntard, Ingulfe, Gaultier. Guillaume-le-Conquérant rend à cette abbaye des propriétés qui lui appartenaient avant qu'elle ne fût dévastée; Gilbert a

une discussion avec Guillaume, archevêque de Rouen,
au sujet de la preuve par le fer, et de la juridiction de
Saint-Wandrille sur quatre paroisses. Le duc de Normandie lui rend, dans une assemblée tenue à Oissel, ses
droits sur ces deux points. Abbé en 1063 ; mort en 1089.

34. Lanfranc. Nommé abbé en 1089, il est chassé
en 1091.

35. Gérard II. Il succède à Lanfranc en 1091 et
meurt en 1126. Inhumé dans le chapitre, ses ossemens
sont reportés, en 1672, aux pieds du maître-autel.

36. Alain. Choisi pour abbé en 1126, il ne veut
point reconnaître l'autorité de l'archevêque de Rouen,
et en est chassé en 1137.

37. Saint Gauthier I ou Waulthier. (*Walterius* ou
Galterus.) Abbé en 1137, il meurt en 1150, laissant
après lui une mémoire honorée.

38. Roger. De prieur il devient abbé de Fontenelle
en 1150, et le régit jusqu'en 1165, époque de sa mort.
Inhumé dans le chapitre, en 1672 ses restes sont transportés sous le maître-autel avec ceux de son successeur.

39. Anfred, Ansfred, Aufred, *ou* Anfroy. Il
remplissait la charge de camérier; il est nommé abbé de
Fontenelle en 1165. Il meurt en 1178, et est inhumé
dans le chapitre.

40. Gauthier II. Successeur d'Anfred, en 1178, il
meurt en 1187. Inhumé dans le chapitre.

41. Geofroy *ou* Godefroy I. (*Gaufridus.*) Protégé

par Philippe-Auguste, il est nommé abbé en 1187, et meurt en 1193. Inhumé dans le chapitre, ses restes furent reportés en 1672 sous le maître-autel.

42. ROBERT II. Il ne régit le monastère de Saint-Wandrille que pendant un an; il meurt en 1194.

43. RAINOLD *ou* REGNAULD. (*Rainaldus* , *Reginaldus.*) Abbé de Saint-Wandrille en 1194; ses propres intérêts l'appellent en Angleterre, il y meurt en 1207.

44. ROBERT III. Choisi pour abbé en 1207, du consentement unanime des religieux, il meurt en 1219. Il est inhumé dans le chapitre, et on lui élève un superbe tombeau. (*Præclaro in tumulo.*)

45. GUILLAUME I, DE BRAY, *ou* DES FONTAINES. Nommé, en 1219, à l'abbatiat de Saint-Wandrille, il se démet de cette charge en 1235.

N. B. C'est en suivant, quant à ce qui concerne le personnage ci-après, la nomenclature du *Gallia Christiana* , que nous ne parlerons qu'incidemment de Guillaume de Suille, désigné par le P. Dumoustier, comme quarante-sixième abbé de Fontenelle dans son *Neustria Pia*. Au rapport de cet auteur, Guillaume de Bray se démit de l'abbatiat en 1236, et Guillaume de Suille le remplaça dans le cours de cette année, qui fut aussi l'époque à laquelle, toujours suivant Dumoustier, le même Guillaume de Suille dut quitter le gouvernement de Saint-Wandrille, pour la crosse de Cîteaux.

46. Robert IV, *dit* D'Automne. (*De Antumno.*)
Successeur de Guillaume, en 1235, il cesse de vivre
en 1244.

47. Pierre Ier, Mauviel, nommé abbé en 1244. L'é-
glise de Saint-Pierre est réduite en cendres, il la reconstruit à partir des fondations (*à fundamentis*). Il eût
achevé cet ouvrage, si la mort ne l'eût frappé en 1255.
Inhumé dans le chapitre.

48. Godefroy II, de Noitot. Abbé en 1255, il achève
le chœur de l'église de Saint-Pierre ; il meurt en 1288,
et est enterré du côté de l'épître.

49. Guillaume II, de Norville. Élu abbé en 1288, il
se rend recommandable par des vertus dignes de l'*âge
d'or*, et meurt en 1303 ou 1304. Inhumé dans le sanctuaire de l'église de Saint-Pierre.

50. Guillaume III, la Douillie *ou* la Doublie. Il
succède à Guillaume de Norville en 1304 ; il s'applique
particulièrement à remettre en vigueur la discipline
monastique qui semblait se relâcher. Par son économie, il acquitte les dettes du monastère, en accroît
les revenus ; il fait construire la moitié de la nef de la
basilique. (*Basilicæ majoris navim ad medium per-
duxit*). Il fait élever une tour en pierre surmontée
d'une aiguille également en pierre, qui égalait en hauteur les montagnes voisines, et dominait sur les
plaines d'alentour : il construit le côté du cloître qui
tient à l'église, et une très-vaste cuisine pour les
frères. Il revêt de sceaux les chartes et diplômes qui

auparavant en étaient dépourvus, et les fait confirmer par Philippe V. Il meurt en 1342. Les religieux reconnaissans lui élèvent un superbe tombeau dans le sanctuaire de la basilique, au nord.

51. Jean de Saint-Léger. Nommé en 1342, il meurt en 1344. Inhumé dans la chapelle de la Vierge.

52. Richard de Chantemerle. Après huit mois d'abbatiat, il meurt en 1345.

53. Robert V, *dit* Balbet. Entré en charge en 1345, il meurt en 1362.

54. Godefroy III, Savary. Abbé depuis 1363 jusqu'en 1367, il meurt et est inhumé dans le chapitre, puis transporté au pied du maître-autel en 1672.

55. Godefroy IV, de Hotot. Il achève la voûte (*testudinem*) et le sanctuaire, commence la réédification de la chapelle de Saint-Paul, et se démet de sa charge en 1389, en faveur d'un des religieux nommé Guillaume Burnel; mais au mois de juin de la même année les religieux demandent pour abbé Jean de Rochois.

56. Jean II, de Rochois. Nommé en 1389, il termine la nouvelle chapelle de Saint-Paul et meurt en 1413. Inhumé dans le sanctuaire de la basilique, sous une tombe couverte d'une lame d'airain d'un riche travail.

57. Jean III, de Bouquetot. Abbé en 1413 : mort en 1419.

58. Guillaume IV, de Ferchal. Élu en 1419, il se démit en 1431, en faveur de Jean de Bourbon.

59. Jean IV, de Bourbon. Mort en 1444, inhumé devant l'autel du matin, ou de l'Aurore (*matutinali.*)

60. Jean V, de Brametot. Nommé abbé en 1444, il meurt en 1483. Enterré dans la chapelle de la Vierge, répondant *au côté droit du chœur.*

61. André d'Espinai. Cardinal et archevêque de Bordeaux. Abbé en 1483, meurt en 1500.

62. Jean VI, Mallet. Il est nommé abbé en 1500. Des contestations le contraignent de résigner, en 1502, son abbatiat à Philippe de Clèves. Il revint ensuite à Saint-Wandrille, et fut enterré dans la chapelle de la Vierge.

63. Philippe de Clèves. Abbé en 1502, il mourut en 1505, et ne vint jamais à Saint-Wandrille.

64. Jacques Hommet (dernier abbé régulier.) Nommé abbé par les religieux de Saint-Wandrille, il a de grands débats à soutenir contre quelques seigneurs du royaume qui se déclarent pour le cardinal Guillaume de Clermont, à qui le pape Jules II a donné la même abbaye. On l'enferme (pendant ce temps Guillaume Lavieille gouverne le monastère), mais l'échiquier de Normandie confirme sa nomination. Entré en charge en 1508, il termine le cloître commencé (*peristylium*), fait décorer l'église de nouvelles peintures; donne à son monastère des ornemens, six grosses cloches, fait construire plusieurs bâtimens, et meurt en 1523; il est inhumé dans une modeste tombe, près du maître-autel.

ABBÉS COMMENDATAIRES.

65. CLAUDE DE POITIERS, également abbé de Marmoutiers (*Montis-Majoris*). Depuis 1523 jusqu'en 1546.

66. MICHEL BAYARD. De 1546 à 1565. Il a beaucoup à souffrir des calvinistes commandés par Gabriel de Montgommery.

67. PIERRE II, GOURREAU (docteur en théologie). De 1565 à 1569.

68. CHARLES DE BOURBON (cardinal et archevêque de Rouen). De 1569 à 1578.

69. GILLES DE VAUGIRAULT (docteur en théologie). De 1578 à 1585.

70. NICOLAS DE NEUFVILLE. Conseiller du Roi, également abbé de Ligny (*Latiniacensis*). De 1585 à 1616.

71. CAMILLE DE NEUFVILLE, aussi abbé d'Ainay (*Athanacum*), près de Lyon, de plusieurs autres monastères, et archevêque de Lyon. De 1616 à 1622.

72. FERDINAND DE NEUFVILLE, aussi abbé de Lagny et de Chéty, conseiller du Roi au parlement de Paris, évêque de Saint-Malo, puis de Chartres. De 1622 à 1690.

73. BALTAZAR HENRY DE FOURCY succède en 1690, à Ferdinand de Neufville, et meurt en 1754, après avoir joui pendant soixante-quatre ans de l'abbatiat de

Saint-Wandrille. La date de son décès est relatée dans l'inscription suivante, gravée sur une grande lame de marbre noir, aujourd'hui déposée dans un des bâtimens du monastère :

Par contrat passé le 9 décembre 1726, par-devant Me Cornu chevalier Notaire Royal à Caudebec, il a été fondé par Mre Baltazar de Fourcy, prêtre docteur de la Maison et Société de Sorbonne, Abbé commendataire de cette abbaye, un service avec vigiles, à perpétuité, le 4e lundy d'après Pâques, pour le repos de l'âme de très haut et très puissant Seig.^r Monseigneur Louis de Boucherat, Chancelier de France, Chevalier Commandeur des Ordres du Roy, son ayeul maternel; pour le repos de celle de haut et puissant Seig.^r Messire Henry de Fourcy, Con.^{er} d'Estat ordinaire du Roy, de haute et puissante Dame Magdelaine de Boucherat son épouse, ses père et mère, et encore pour le repos de celle du d. Seigneur Abbé lorsqu'il sera décédé, le tout aux charges, clauses et conditions portées par le d. contrat. Le d. Seig.^r Abbé est décédé le 24 avril 1754.

Priez Dieu pour eux.

Cette inscription se lit au-dessous d'un écusson également gravé en creux, supporté par deux lévriers, surmonté d'une couronne de comte, et accoté d'une crosse et d'une mitre; il se compose, au premier et au quatrième, des armes de Fourcy; et aux deuxième et troisième, de celles de Boucherat : le tout sans couleurs. Si, comme le dit le P. Anselme, les père et mère de cet abbé se marièrent en 1659, il s'écoula quatre-vingt-quinze ans depuis cette époque jusqu'à sa mort.

En 1755, Saint-Wandrille était en économat. (*Almanach Royal de cette année.*)

74. FRÉDÉRIC-JÉROME DE ROYE, cardinal de La Rochefoucauld , archevêque de Bourges. De 1756 à 1759.

75. PIERRE-PAUL DE QUAYLAR, évêque de Digne. De 1759 à 1760.

76. LOUIS-SEXTE DE JARENTE, évêque d'Orléans, commandeur de l'ordre du Saint-Esprit, de 1760 à 1785.

77. ÉTIENNE-CHARLES LOMÉNIE DE BRIENNE (le cardinal), né à Paris en 1727, d'abord évêque de Condom , puis archevêque de Sens, succède à Louis de Jarente en qualité d'abbé de Saint-Wandrille en 1785 , et ferme, à l'époque de la révolution française , la longue liste des abbés des monastères de Saint-Wandrille et de Saint-Ouen de Rouen. Mort le 16 février 1794.

NOTA.

Il serait sans doute très-curieux et très-important à la fois, de donner un état des revenus que percevaient, et des taxes que payaient au Saint-Siége nos plus célèbres abbayes, aux différentes époques de notre histoire. Ce résultat jetterait un grand jour sur l'étude embrouillée de l'économie politique, des mœurs et des abus de ces temps reculés. Mais pour l'établir, à combien de recherches ne faudrait-il pas se livrer ? Nous laissons donc cette tâche aux esprits investigateurs et laborieux qui tenteront de l'accomplir, et nous nous bornerons à établir ce fait, qui n'est point indifférent pour notre travail spécial, que suivant l'Almanach royal de 1789, l'abbaye de Saint-Wandrille était taxée *en Cour de Rome* à 4000 florins, et que son revenu était évalué à 50,000 francs.

❖❖❖❖❖❖❖❖❖❖❖❖❖❖❖❖❖❖❖❖ ❖❖❖❖❖❖❖❖❖❖❖❖❖❖❖❖❖❖❖❖

LISTE

DES OUVRAGES MANUSCRITS CONSULTÉS POUR LA COMPOSITION
DE CET ESSAI, ET QUI SE TROUVENT A LA BIBLIOTHÈQUE
PUBLIQUE DE ROUEN [1].

UNE grande partie des manuscrits et titres de Saint-Wandrille s'est trouvée détruite ou perdue dans le cours de la révolution.

Une autre est encore répandue, mais conservée sous la tutelle de l'autorité publique, sur plusieurs points du département de la Seine-Inférieure. Par exemple, une des dépouilles les plus curieuses de cette abbaye consiste dans un manuscrit déposé à la bibliothèque du Hâvre, qui renferme, entre autres objets précieux, un exemplaire, sinon original, au moins très-antique du

---

[1] La bibliothèque publique de Saint-Omer possède une Vie de saint Wandrille que l'on croit être du neuvième siècle. Ce précieux manuscrit est orné de miniatures dans lesquelles on remarque plusieurs *specimen* de l'architecture de cette époque reculée. M. le marquis Le Ver ajoute à ces premiers détails qui lui sont également dus, qu'il croit cette légende écrite sur du parchemin gratté, cause à laquelle il attribue plusieurs trous répandus dans le texte.

Chronicon Fontanellense. Ce livre offre parmi ses ornemens une peinture très-remarquable représentant saint Wulfran. L'on doit regarder comme probable, que beaucoup d'autres pièces plus ou moins intéressantes, provenant du même fonds, sont ensevelies dans les dépôts publics, où le temps ne m'a pas permis d'en faire la pénible recherche. Nous croyons faire plaisir au lecteur en lui indiquant les sources où l'on peut encore puiser aujourd'hui, sur l'antique monastère de Fontenelle, des documens dont le plan de notre ouvrage n'admettait ni le nombre ni l'étendue.

Apparatus ad historiam Fontanelli. N⁰ˢ 99 et 100.

Historiæ Fontanellensis compendium. 101.

Chronicon minus Fontanellense. 104.

Trisergon de l'abbaye de Fontenelle, par D. Alexis Bréard. 109 et 110.

Secundus tomus Fontanellæ in Normanniá, par D. Alexis Bréard. 103.

Historiæ regalis abbatiæ Sancti-Wandregisili compendium. 116.

Vies des saints abbés religieux de Fontenelle, par D. Benoît de Bonnefond, religieux de ladite maison. 111.

Traité des hommes illustres de la très-sainte et très-royale abbaye de Fontenelle. 112.

Le Sanctuaire de la sainte et royale abbaye de Fontenelle. 105.

Particularités relatives à l'abbaye de Fontenelle. 102.

Histoire de l'abbaye de Saint-Wandrille depuis l'introduction de la réforme. 115.

OUVRAGES IMPRIMÉS DONT ON A AUSSI FAIT USAGE.

Gallia Christiana, 13 vol. in-folio, édition des Bénédictins.

Neustria Pia, par Arthur Dumoustier; in-folio.

Chronicon Fontanellense. Cette chronique se trouve dans le Spicilége de D. Luc d'Achery.

Recueil des historiens normands, par André Duchêne; in-folio.

Annales ecclesiastici Francorum, par Lecomte; 8 vol. in-folio.

Acta sanctorum ordinis sancti Benedicti, par d'Achery et Mabillon; 9 vol. in-folio.

Annales ordinis sancti Benedicti, par Mabillon; 6 vol. in-folio.

Description géographique et historique de la Haute-Normandie, par Dom Toussaint Duplessis.

Essais sur le département de la Seine-Inférieure, par Noël; 2 vol. in-8°.

Château de Valmont en 1825.

CHATEAU ET ABBAYE DE VALMONT.

ous nous sommes écartés de la marche de notre excursion pittoresque, en reportant à la fin de ce livre la description des lieux et des objets que nous avions visités avant notre arrivée à Saint-Wandrille. Mais cette abbaye réclamait, sous tous les rapports, une priorité que d'ailleurs le titre seul de notre ouvrage eût exigée. Nous reviendrons à présent aux monumens auxquels nous n'avons accordé, dans notre Mémorial, qu'une mention moins importante.

Outre les dessins recueillis dans les murs de

Fontenelle, nous en avons rapporté plusieurs
représentant la vue et quelques détails du château gothique de Valmont [1], parmi lesquels
nous n'avons point omis la jolie galerie dite
de *François Ier*, ni la principale entrée de ce
château, construite en brique et en pierre,
et flanquée de tours. Cette dernière doit être
bientôt abattue. Il ne reste aujourd'hui que
peu de chose des murailles tourellées qui cei-
gnaient ce château, dans lequel se voient encore quelques parties anciennes mais peu ap-
parentes. Le roi Charles, dit le Sage, s'étant
procuré par échange cette noble propriété,
en fit don à *son bon connestable* le magna-
nime Duguesclin. Ce n'est point sans raison
que la galerie dite de *François Ier* porte le nom
de ce monarque, puisqu'il fut jadis *hébergé*

[1] Valmont (*Validus Mons*), bourg du pays de Caux
et ancienne châtellenie dont le château était considéré
comme place forte. Il appartient aujourd'hui à **M.** Hoc-
quart, gendre de **M.** le maréchal de Lauriston.

dans ces lieux. On a trouvé dans le chartrier du château un compte curieux et fort détaillé de ce qu'il en coûta pour *festoyer* le vainqueur de Marignan. Le chiffre de ce prince est sculpté sur la façade de la galerie, ainsi que celui de Henri II son fils, sous le règne duquel elle fut terminée. Deux cheminées, décorées dans le goût de cette dernière époque, occupent, dans l'intérieur, les deux extrémités de cet édifice, le plus élégant et le plus remarquable du château de Valmont. Mais l'abbaye du même nom a particulièrement fixé notre attention et excité nos regrets. Je ne parle ici que de l'église qui porte le cachet du seizième siècle, époque de sa reconstruction. Le fond de son abside offre un motif charmant et peut-être unique dans son genre, dont une *Annonciation* en terre cuite et dans le goût de Germain Pilon fait le principal ornement. Je ne m'arrêterai point sur la manière ingénieuse dont on a mis ce groupe élégant en rapport avec la partie la plus enfoncée du chœur : cela me

11*

mènerait infailliblement trop loin. Je me contenterai de dire que cette partie, encore éclairée par de beaux vitraux peints, est censée représenter l'appartement de la Vierge, dont il renferme l'image, et que cet appartement est garni de meubles exécutés en pierre dans le massif des murs, et d'un goût plus excellent sans doute que ceux qui décorèrent jadis la demeure sacrée de Nazareth.

Parmi les décombres d'une chapelle, nous aperçûmes par hasard deux tombeaux qui n'ont encore été que médiocrement mutilés. Nous nous empressâmes, quoique n'ayant que peu d'instans à nous, d'en enrichir notre portefeuille. On peut juger, sur la seule inspection du dessin du premier, si Dom Duplessis avait raison d'écrire, à moins qu'il n'ait pris un tombeau pour un autre, que celui-ci n'offre rien que de médiocre. L'inscription qui règne autour apprend le nom du personnage qu'il renferme, et dont la statue armée est étendue sur le socle. Cette épitaphe est écrite en ca—

Tombeau de Nicolas d'Estouteville.
Abbaye de N.-D. de Valmont.

ractères gothiques des quinzième et seizième siècles. La voici :

Cy gist hault et puissant Seigneur Nicole (Nicolas), Sires d'Estouteville, Chevalier, lequel en son vivāt fonda ceste p̄nte Abbaie, en l'an de grace mil cent seize, et trespassa le xxij jour d'avril mil cent et xl [1].

Sur le retour du listel, du côté de la tête de la statue, on lit, en lettres italiques non penchées :

PRIEZ DIEU POUR L'AME DE LI.

C'est à mon honorable confrère M. le marquis Le Ver, membre de la Commission des Antiquités du département de la Seine-Inférieure, que je suis redevable de nos explora-

_____

[1] La maison d'Estouteville, qui tirait son nom d'un bourg de la Haute-Normandie que François Ier érigea en duché l'an 1534, a donné naissance à plusieurs personnages illustres. Le premier dont on ait connaissance est Robert Ier, sire d'Estouteville, surnommé *Granbois*,

tions à Valmont. C'est lui qui, m'aidant dans mes premières recherches, voulut bien, s'associant à nos travaux, en faire deux fois avec nous le voyage pendant notre séjour chez lui.

Mais une remarque importante lui échappa, ainsi qu'à moi, quand nous lûmes ensemble l'épitaphe que je viens de rapporter : c'est la dissidence notable qui règne entre les dates de cette inscription et celles que relate Dom Duplessis, d'après les Mémoires et une

dont Orderic-Vital fait mention dans son Histoire. Ce seigneur accompagna en 1066 le duc Guillaume-le-Bâtard à la conquête de l'Angleterre, et fut le grand-père de Nicolas Ier, dont nous publions le tombeau. Jacques, sire d'Estouteville, mort en 1489, auquel appartient l'autre mausolée, était chevalier, conseiller, chambellan du roi, et capitaine de Falaise. Nous devons à cette famille un de nos plus célèbres archevêques de Rouen, Guillaume d'Estouteville, mort à Rome, doyen des cardinaux, à plus de quatre-vingts ans, le 22 décembre 1482. L'anecdote suivante donne un exemple de la sévérité et de la hardiesse de ce prélat, qui remplissait alors les fonctions de camerlingue de l'Eglise. Le Barigel ayant arrêté sur les chemins un voleur dont il voulait se défaire sur-le-champ, et forcé, à défaut de bourreau, un

ancienne Chronique de cette Abbaye même. Suivant ces derniers titres, nous voyons que ce monastère fut fondé en 1169 par ce Nicolas d'Estouteville, et nous lisons sur sa tombe, en caractères parfaitement nets et gravés sur le marbre, que ce seigneur était mort dès 1140, vingt-neuf ans auparavant. Cette épitaphe ne laisse cependant, je le répète, excepté le mot *seize* qui est un peu mutilé, mais qui se lit parfaitement encore, rien à désirer du côté

pauvre prêtre normand qui passait d'exécuter ce malheureux, le cardinal indigné manda sans bruit cet officier sacrilége, et le fit pendre, à son tour, de son autorité privée, et au milieu de Rome même, à une des fenêtres intérieures de son palais. Le pape, très-choqué d'abord de cet acte de souveraineté, fit cependant prévenir le prélat qu'il n'avait rien à craindre de son ressentiment.

L'église abbatiale de Valmont renfermait encore les tombeaux de beaucoup d'autres personnages de la même famille, parmi lesquels on voyait derrière le chœur le mausolée et l'effigie de Robert II, père du fondateur; ce Robert avait été à la conquête de Jérusalem. Tous les documens relatifs à ces sépultures sont consignés dans l'*Histoire généalogique de la maison d'Harcourt*, par A. Duchesne, aux additions et corrections à la fin du 4ᵉ vol.

de la conservation. Au reste , outre les titres de Valmont, le P. Duplessis a suivi encore dans ses dates le *Gallia Christiana ;* et ce qui prouve combien les écrivains sont souvent peu d'accord entre eux sur les époques, c'est que dans les additions du tome IV de l'*Histoire généalogique de la maison d'Harcourt*, par André Duchesne, on trouve la mort de ce même Nicolas d'Estouteville, portée à l'année 1116, qui justement est celle dans laquelle, suivant son épitaphe , ce seigneur fonda l'abbaye de Valmont.

Hormis la table de marbre noir qui supporte la statue , et le marbre blanc dont sont faits le masque et les mains de cette figure, tout le reste est d'une pierre parfaitement belle. La cotte d'armes du défunt est chargée de ses armes : la maison d'Estouteville portait burelé d'argent et de gueules de dix pièces, au lion de sable brochant sur le tout.

On ne doit point prendre pour un vain ornement le petit édifice enclavé dans le mur,

Tombeau de Jacques d'Estouteville et de Louise d'Albret sa femme.

Abbaye de Valmont.

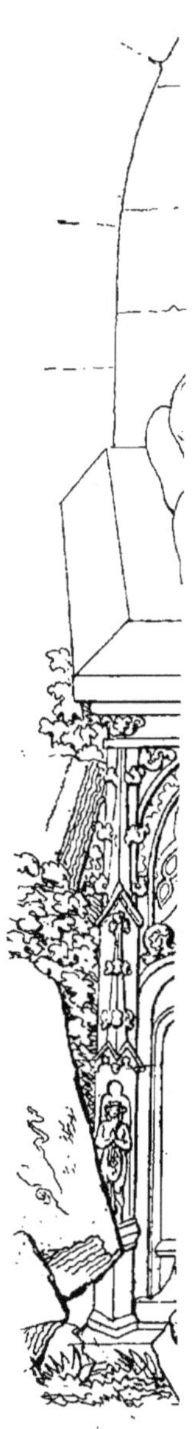

sous le cintre qui s'arrondit au-dessus du tombeau. Il est d'autant plus curieux, qu'il offre l'idée de l'église aujourd'hui ruinée, après sa réédification, dans le seizième siècle, par l'abbé Jean Rabaud. Cette sépulture porte le cachet du commencement de ce même siècle, ou de la fin du précédent. Mais en admettant cette dernière époque, il faut supposer l'exécution du modèle de l'église dont nous venons de parler, plus ou moins postérieure à celle du mausolée.

L'autre tombeau, qui fut apparemment élevé vers les mêmes temps, ne présente plus d'inscription. Il offre l'effigie de Jacques d'Estouteville, mort le 12 mars 1489. Armé de la même manière que le premier, il est étendu sur une table de marbre noir, à côté de sa femme, Louise d'Albret, décédée le 8 septembre 1494. Ces deux figures sont du plus bel albâtre, ainsi que la base tout entière du mausolée. Les ornemens gothiques de cette base sont encore enrichis des images de six saints et de plusieurs autres figures beaucoup

plus petites, les unes et les autres d'une exécution admirable.

Il n'y aura personne qui ne joigne ses vœux
aux miens pour que M. Bataille, membre de
la Commission des Antiquités de la Seine-Inférieure, ne cesse, guidé par son amour pour les
arts, de veiller à la conservation de ces beaux
mausolées dont il est l'heureux propriétaire.

ÉGLISE DE SAINTE-GERTRUDE.

E 10 octobre 1825, veille de notre départ pour Saint-Wandrille, où nous nous proposions d'arriver le matin, nous ne voulûmes point quitter Caudebec sans visiter, à un quart de lieue de cette ville, l'église de Sainte-Gertrude, située dans la vallée où coule la petite rivière du même nom. Nous nous y fîmes conduire à neuf heures du soir, par un temps épouvantable, et n'ayant d'autres secours qu'une misérable lanterne pour éviter les marécages et prendre connaissance du monument.

Cette église, autrefois paroissiale, est aujourd'hui ouverte, abandonnée, enfin dans
l'état de délabrement le plus affligeant. Je la
crois du commencement du seizième siècle.
Elle est bien proportionnée, plus vaste que ne
le sont ordinairement les églises rurales, et
son chevet polygone est, ainsi que la croisée,
voûté en pierre. La nef, couverte en charpente, est encombrée aujourd'hui des débris
du toit, à travers lesquels croissent de vigoureux sureaux. Dût-on m'accuser de roman-
tisme, je ne le tairai pas : il me semblait, en
pénétrant dans cette obscure et silencieuse enceinte, que les statues nombreuses dont elle est
encore ornée allaient élever la voix pour réclamer le culte dont jadis on les honorait en ce
lieu. Au reste, un véritable romantique eût pu
s'abandonner, à notre place, à des illusions
bien plus complètes, en discernant dans l'om-
bre, au fond de la croisée, un groupe nombreux de grandes figures blanches représen-
tées en pleurs autour du Christ au tombeau,

production compliquée de l'art, et délaissée comme tout le reste.

Il paraît que le culte particulier du Sépulcre auquel l'Église a consacré un office spécial, et dont la propagation date probablement du temps des croisades, avait autrefois en Normandie une vogue universelle. Je connais, du moins dans cette province et dans ce département même, un grand nombre de monumens semblables [1].

---

[1] La religion et la politique rattachaient jadis de grands souvenirs à ces sortes de monumens. C'était pour adorer le tombeau du Christ que nos pères, à travers tant de périls, allaient à Jérusalem ; c'était pour conquérir ce tombeau qu'ils s'armaient contre les Sarrasins. Le premier de ces mobiles dirigeait notre duc Robert II, dans le pélerinage au retour duquel il mourut à Nicée. Le second animait Robert-Courte-Heuze et Richard-Cœur-de-Lion, dans leurs plus brillans exploits, qui, sans contredit, eurent la Palestine pour théâtre. Au reste, les pélerinages dans ces contrées lointaines, qu'entreprenaient, dès le temps de Clovis, les ecclésiastiques et les moines, ne devinrent fréquens parmi les laïcs que dans le courant du dixième siècle. De retour dans leur patrie, ces pieux voyageurs, pélerins ou croisés, racontaient ce qu'ils avaient vu, exprimaient ce qu'ils avaient

Le Saint-Sépulcre de Fontenelle, que renfermait autrefois, dans la grande église, la chapelle à laquelle il donnait son nom, est encore exposé, sous un hangar, au milieu des ruines de cette basilique, à la vénération des fidèles. En observant ce dernier et plusieurs

éprouvé à l'aspect des saints lieux, et ces impressions, devenues communes à tous, on les perpétuait au moyen de l'image du principal objet qui les avait fait naître. On pourrait avec raison, néanmoins, penser que ces mêmes images furent quelquefois érigées comme monumens expiatoires. Je ne citerai qu'un des faits d'où naît cette probabilité.

« En 1009, dit Mézeray, les Sarrasins ayant, à l'instigation des juifs de France, démoli le temple de Jérusalem et le Saint-Sépulcre, cet événement renflamma la dévotion des chrétiens occidentaux, et leur haine contre les juifs qu'on bannit et assomma partout. » Je ne vois de douteux dans ce récit que les rapports et l'intelligence établis des rives de la Seine à celles du Jourdain, entre des Israélites et des Musulmans. Ce pacte a tout l'air d'un des contes absurdes que forgeait la politique barbare de ces temps de ténèbres, pour exterminer les misérables Hébreux, dont ordinairement le véritable crime était de s'être enrichis par une industrie très-active, mais souvent illégale.

autres encore, j'ai souvent remarqué la poitrine du Christ chargée d'offrandes consistant en monnaies de cuivre, en pommes, en oranges, et souvent en de simples morceaux de pain. Mais je n'ai pu deviner par quelle secrète raison, les orteils du Sauveur se trouvaient noués quelquefois de rubans de soie cramoisie : est-ce pour la guérison d'un mal affligeant un membre semblable, de la goutte peut-être? Est-ce par quelque motif aussi profane que celui qui, dans plusieurs contrées de France, porte encore aujourd'hui les jeunes filles à glisser en cachette dans les fissures des pierres druidiques des flocons de laine teinte en rouge, afin d'être plus promptement mariées?

Je reviens pour un instant à l'église de Sainte-Gertrude dont, presqu'au milieu des ténèbres, nous explorions, il n'y a qu'un moment, le triste intérieur. Nous y remarquâmes deux jolies *piscines* ou *sacraires*[1] d'un gothique fort

[1] La piscine ou sacraire est une espèce d'égoût ordi-

élégant ; rien n'est aussi plus joli, plus délicatement ciselé que les quatre petits dais supportant les retombées des arcs doubleaux, ou
nervures qui couronnent l'autel ; mais l'objet
suivant captiva principalement notre attention. Au milieu de deux croisées de l'abside,
presqu'au-dessus du grand autel, s'élève une
espèce de tourelle ou de tabernacle en pierre,
haut d'environ cinq pieds. Il est tellement
découpé en fenestrages, en ornemens à jour,
dans toute son étendue, que le crayon seul
peut décrire un objet semblable. (*Voy.* pl.
IV.) Ma fille s'étant aperçue, à la lueur expirante de notre fanal, que ce précieux filigrane
était une véritable armoire à deux étages,
munie de ses portes, se détermina, par la rareté de la chose, à en exécuter le dessin, et

nairement placé dans le voisinage de l'autel, et destiné
à recevoir l'eau dans laquelle ont été lavés les corporaux,
les purificatoires, etc. On y jette aussi les cendres des
ustensiles ecclésiastiques qu'on brûle lorsqu'ils ne peuvent plus servir.

Tabernacle en pierre
de l'Église de Sᵗᵉ Gertrude.

je me proposai moi-même de faire celui de l'église et d'en lever le plan.

Cet édifice renferme encore de beaux restes de vitraux peints que le vent et les pierres détruisent chaque jour. Là, comme dans bien d'autres lieux, de semblables fragmens de verrières, des sculptures, de simples matériaux mêmes, tous ces objets sont censés n'appartenir à personne , et tout le monde les mutile ou s'en empare. Les habitans des paroisses voisines, dont l'église est maintenue pour l'usage du culte, n'en connaissant point la valeur, oublient, dédaignent, ou craignent de les réclamer. Les habitans des paroisses annexées verraient avec dépit, avec fureur peut-être (on en a vu des exemples), enlever les dépouilles de leurs églises délabrées , pour en enrichir celle dont on les a fait dépendre. Pendant ce fâcheux litige, la ruine d'une foule d'objets curieux est complètement consommée, et cela sur tous les points de la France, ou du moins doit l'être

par la nature même de beaucoup d'autres
causes qui n'en permettent guère la recherche, le déplacement, le transport et la restauration. Telle est, après tout, l'inévitable destinée des ouvrages des hommes : *Tempus
edax rerum.*

Mais pourquoi s'en prendre au temps et
toujours au temps? Ne serions-nous pas trop
heureux encore, si, n'ayant à redouter que ses
ravages, les chefs-d'œuvre des arts trouvaient
sous la tutelle de l'urbanité européenne,
un sûr et légitime abri contre le choc des
révolutions politiques? La nôtre a suscité
dans son cours trois époques de destruction
extrêmement remarquables : la première,
signalée par l'acquisition des abbayes et des
châteaux par les *Bandes-Noires*, fut le
commencement de la crise qu'on désigna ju-
dicieusement plus tard sous le nom de *Van-
dalisme*, et cette crise, accompagnée de fu-
reurs et de folies, constitue elle-même la plus
terrible et la seconde de ces époques. La

troisième enfin date de la suppression d'une foule d'églises paroissiales et de chapelles devenues propriétés particulières, et comme telles, abattues ou mutilées, ou qui, restées non vendues, tombent naturellement en ruine par les influences destructives des élémens. Cette dernière phase de nos désastres monumentaux est, quoique la plus récente, et malgré que son action dure encore, celle à laquelle on pense et dont on s'afflige le moins, parce qu'elle se rattache à des circonstances plus paisibles, et peut-être aussi en raison de l'habitude que l'on s'est faite de ces sortes de proscriptions. Mais ses résultats, qu'il ne nous appartient de juger que sous le rapport des arts, n'en sont pas moins également fâcheux. Encore une ou deux mesures semblables, ce dont le ciel nous préserve ! et le sacrifice serait totalement consommé.

FIN.

12*

C

D

E

F

G.

H

I

J

K

L

M

brûle les riches ornemens de l'église de Saint-Wandrille, 56.

Morlent (M.), auteur d'une *Histoire du Hâvre* estimée, 10.
Muller, ancien graveur, 28.

N

Naudé (Gabriel), cité, vj.
Neufville (Nicolas de), 70e abbé de Fontenelle, 154.
Neufville (Camille de), 71e abbé de Fontenelle et archevêque de Lyon, 154.
Neufville (Ferdinand de), 72e abbé de Fontenelle et évêque de Chartres, 36, 154.
Noël (S.-B.-J.), écrivain distingué de Normandie, cité, 10, 82.
Noël (vieux cantique de), cité, 134.
Noir (M. le chevalier Alexandre Le). Crosses antiques de son cabinet, 72.
Noir (M. Cyprien Le), père, propriétaire du monastère de Saint-Wandrille, 89.
— Son respect pour les tombeaux, 89.
Noitot (Geoffroy II de), 48e abbé de Fontenelle, 151.
— Fait élever le chœur de la grande église, 17.
— Vers à sa louange par le moine Tritus et par le prieur Guillaume Lavieille, 17, 18.
— Son mausolée, 55.
Normands (les) incendient et détruisent l'abbaye de Fontenelle, 13, 122.
Norville (Guillaume II de), 49e abbé de Fontenelle, 151.
— Son mausolée, 56.
Nosocomium, ce que c'est, 140.

O

Ordéric -Vital, cité, 139, 166.
Orléans (Philippe, duc d'), régent de France, 128.
Orléans (vin d'), autrefois estimé par nos rois, 98.
Ouen (saint) protége les établissemens monastiques, x.
— Ses travaux, xij.

P

Peintures (anciennes) de Saint-Wandrille, 77.
— Représentant des saints autour du chœur, 81.
— Le Martyre de saint Etienne, 78.
— Celui d'une jeune sainte, 82.
— Inconvenance de ce sujet, 82.
— L'abbé Teutsinde agréant le plan de l'église de Saint-Michel, 80.
— Peinture appelée *l'Arbre du cloître*, 106.
— Conjectures à ce sujet, 106.
Pepin (le roi) fait rebâtir l'église abbatiale de Fontenelle, 13.

Q

R

S

T

V

W

X

DIEV ET MA CONSCIENCE
SOVLAS LABEVR AI
NORTHMANNIA
E·H·L·del.   Breviere a Rouen S.